人生と仕事と学びをつなぐ15の講義

18歳からのキャリアデザイン

日本経済新聞社＋立教大学［編］

日本経済新聞出版

はじめに

大学で学び始める新入生、大学進学を意識し始めた高校生のみなさん、「キャリアデザイン（Career Design）」という言葉を聞いたことがありますか。みなさんのような若者にこの言葉の意味を理解してもらうために、直訳ではなく、こんなふうに言い換えてみます。「自らの人生の夢を描き、その実現に必要な学びを深めたり、経験を積んだりすること。そして前を向いて歩んでいくこと」。そのための一歩が大学という舞台なのです。

急に「人生」というキーワードを持ち出されても、そもそもどのように考えたらよいのかイメージしにくいかもしれません。それは無理もないことですし、心配することはありません。大学では仲間と一緒に学んだり、活動したりしながら、自らの人生のイメージを少しずつ描いていけばよいのです。大学で学んでいる先輩たちも同じように人生と向き合い、答えを探し求め、悩みながら学生生活を送っています。

キャリアデザインという言葉が注目されるのは時代の変化と大きなかかわりがあります。その変化をもたらす要因を挙げるなら、目まぐるしく移り変わる国際情勢、グローバル化が進む経済活動、急速に進化する人工知能（ＡＩ）などでしょう。たとえば新型コロナウイルス禍で世界が大混乱し、企業は採用活動を見直しました。先輩たちは本人の努力や能力とは関係のない現実を受け止め、厳しい就職活動をせざるを得なかったのです。

日本経済新聞社には大学と協力して講義を運営する「日経講座」という取り組みがあります。立教大学とは2021年度春学期から「キャリアデザイン」（定員200人）、24年度秋学期からは「立教ゼミナール発展編2」（同30人）を共同運営しています。講師陣であるゲストスピーカーには日経の編集委員などのほか、立教大からはキャリアセンターとボランティアセンターの専門家、卒業生が加わっています。

講義「キャリアデザイン」では、私たちがいま生きている世界はどんなかたちをしているのか知ることから始めます。講師と一緒に国際情勢、景気動向、社会課題に関するテーマを学んだり、注目ニュースを読んだりします。大学のキャリア・就職支援やボランティア活動の取り組みも伝えます。とりわけ新入生には「働くこと」や「生きること」を意識しながら、大学で学ぶきっかけをつかんでほしいという解説に重点を置いています。

もちろん日経の講師陣は教えるプロではありません。その代わり「どのように時代を捉え、伝えるか」という新聞編集や教材づくりの視点があります。ときには講師自身の学生時代や新入社員時代、転職の体験も交えながら学生に話しかけます。オンラインを使い、手探りで始めた講義でしたが、学生が寄せる意見や質問が私たちのヒントになりました。まさに学生と一緒につくってきた講義といえるでしょう。

残念ながら講義には定員があり、希望する学生がすべて受講できるわけではありません。また、他の大学でも新入生たちが「人生設計を描くために、大学ではどのような視点で学び、活動したらよいか」と共通の疑問を抱いていることもわかってきました。そこで、全国の大学生や高校生にもヒントになればと考え、このテキストを実現することになった次第です。本書のタイトルは講義に携わる多くの関係者の思いが込められています。

たとえば大学1年生、高校3年生は、テキストの第1章から読み進めれば、大学での学びや活動のポイントをイメージしやすいと思います。大学2年生〜4年生なら「人生」や「仕事」など関心のあるテーマを読めば、自らの学びを振り返りながら、人生設計を考えるきっかけになるでしょう。そして、特別講義1と特別講義15につづられた若者たちへのメッセージを読み取ってほしいと思います。

キャンパスでの歩みはこれから生きる長い人生へとつながっています。もちろん人生は一人ひとり異なります。夢の実現への道筋も考え抜かねばなりません。だからこそ、自分だけのキャリアデザインを組み立てていく価値があるのです。軌道修正が必要な場面が出てきたら、教員、先輩、友人などに相談してください。みなさんの背中を押してくれることでしょう。そして、その一歩を踏み出す勇気を育んでいくのはあなた自身なのです。

2025年3月

日本経済新聞社
立教大学

人生と仕事と学びをつなぐ15の講義　目次

はじめに

特別講義1

AI時代を生き抜く「リベラルアーツ」を学ぶ

立教大学 総長　西原廉太　014

1. 人間教育を行う場に／2. 社会に貢献できる人を／3. 感性を研ぎ澄ます／4. 自分で確かめる姿勢を／5. 真理を探究する「場」に／6. 自らの弱さや不確かさを自覚する／7. 自らの殻を破り、解放する／8. 未来を自由に構想できる人に

第1章 大学生活を始めるために

講義2 キャンパス新生活の心構え
日本経済新聞社 編集委員・立教大学 兼任講師 倉品武文 034
1．新入生へ、入学式前に知ってほしいこと／
2．大学の先輩から全国の後輩たちへ

講義3 新聞記事に学ぶ伝わる文章のコツ
日本経済新聞社 日経TEST副編集長 桂 裕徳 048
1．正しいデータに当たろう／2．結論を先に書こう／
3．書きたいことは極力1つに絞り込もう／
4．自身の経験や身近な話題で読み手の共感を誘おう

講義4
情報収集に強くなるコツ
――日本経済新聞社 コミュニティマーケティンググループ グループ長 小野晶子 068
1．情報収集のポイントとは／2．日経電子版を使いこなそう／3．情報交換の歴史について学んだ旅／4．ファクトとオピニオンを分けて考える

講義5
資産づくりのコツ、節約から始めよう
――日本経済新聞社 編集委員 小栗太 086
1．なぜ高校の授業で金融教育が必要になったのか？／2．大学生に必要な資産形成とは？／3．家計簿のトリセツ（取扱説明書）／4．世の中は貨幣経済と市場経済に基づいて動いている

第2章 自分の進路を考えるために

講義6
世界はニュースに満ちている
日本経済新聞社 編集委員 池内新太郎 104
1．揺らぐ世界の秩序／2．広がる分断と民主主義の危機

講義7
豊かさって何だろう？
日本経済新聞社 元編集委員 玉利伸吾 120
1．いま、なぜウェルビーイングか？／2．焦土から経済大国、失われた30年へ／3．「幸せ」を測定する／4．日本の幸せ度は先進国で最低水準

講義8
お金とつき合う長い人生
日本経済新聞社 日経マネー編集委員 大口克人 136
1．あなたの人生は本当に長い／2．人生にお金はどのくらいかかるのか／3．あなたはどのくらいお金を稼ぐのか／4．資産形成、間違いのない方法とは／5．日本は本当に「貧しく、先のない国」なのか／6．金融・経済は漫画でも学べる

第3章 働くことをイメージするために

講義9
多様性社会を生きる
――日本経済新聞社 編集委員 石塚由紀夫
1．日本における男女格差とは／2．企業がダイバーシティに関心を寄せる3つの理由／3．多様な人々が知性を持ち寄ってより大きな繁栄を築ける社会へ
158

講義10
仕事の魅力を知る
――立教大学 キャリアセンター部長 首藤若菜／同大学 キャリアセンター
176

1．大学生になったら就活を意識しなくちゃいけない!?／2．キャリアとは／3．どのような大学生活を送るか／4．キャリアセンターのプログラムに参加しよう／5．まとめ

講義11
会社で働くこととは
日本経済新聞社 上級論説委員兼編集委員 藤田和明
194
1．会社とは何だろう／2．「いい会社」とはどんな会社？／3．自分が「成長できる」会社を見つけよう／4．会社の「株価」とは何か

講義12
消費をつかむ
日本経済新聞社 編集委員 田中陽
214
1．消費の基本的なことを知ろう／2．消費の変動の仕組みを知ろう／3．消費はなぜ長きにわたって低迷しているのか知ろう

第4章 自分の未来をつくるために

講義13

大学でまなぶとは

――立教大学 文学部教授 逸見敏郎

1．大学生の生活と授業／2．能動的学び・受動的学び／3．能動的な学び―社会と関わる学び／4．社会的思考とリフレクション

232

講義14

夢を忘れない

――テレビ東京 報道局総合ニュースセンターキャスター 塩田真弓（立教大学 社会学部卒業）

1．立教大生編（1994年～1999年）／2．英国留学編（1996年～1997年）／

254

3.テレビ東京キャスター編（1999年7月～）／4.プロの仕事術／5.私のこれから

特別講義15
人生を拓く
ジャーナリスト・立教大学 客員教授 池上彰 268
1.どんな未来を描いていますか？／2.経済や社会の変化を知ろう／3.大学での学びが世界を広げる／4.キャンパスの外にも目を向けよう／5.チームワークが壁を越える力に／6.迷ったら立ち止まる勇気も忘れずに

おわりに

特別講義1

AI時代を生き抜く「リベラルアーツ」を学ぶ

立教大学 総長 西原廉太

講義のポイント

・みなさんが志望（入学）する大学の歴史や教育の特徴を学ぼう。
・専攻に関係なく、リベラルアーツ（教養）を身につけていこう。
・人工知能（AI）の能力を知り、学びにも賢く活用していこう。
・芸術に触れながら、豊かな想像力、創造力、発想力を鍛えよう。

1. 人間教育を行う場に

立教大学は、1874年にアメリカの聖公会からの宣教師であったチャニング・ムーア・ウィリアムズ主教が東京・築地に「立教学校」（St. Paul's School）を創設してから、2024年で150年を迎えました。ウィリアムズ主教は、当時の「実利主義」や、知識、技術を物

立教大池袋キャンパスでの24年度学園祭（東京都豊島区、写真：立教大学。以下クレジット表記の無い写真は大学提供）

質的な繁栄と立身出世の道具とする日本の風潮とは明確な一線を画して、立教を「キリスト教に基づく真の人間教育を行う場」と位置づけました。それ以来、立教大学は、徹底して本物のリベラルアーツを大切にしてきました。その本質とは、人間が生きていく上で本当に必要な「智」、他者の痛みに共感し、共苦できる「感性」、世界史的、人類史的な「世界観」と「歴史認識」、多文化世界に生きることのできる「国際性」を身につけることにあります。

立教大学が全学をあげてみなさんに伝えていくのは、この本物のリベラルアーツです。リベラルアーツは単なる「教養」ではありません。最近は「ファスト教養」という言葉も聞かれるようになりました。「10分で分かる何々」といった、コスパ良く教養を得ようとするニーズは確かに高いようです。みなさんも何かを知りたいと思った時に、すぐにインターネットで検索されることがあると思います。決してそのことが悪いわけではありませんし、いわゆるＣｈａｔＧＰＴなどに代表される生成系ＡＩなどをしっかりと使いこなす術もぜひ身につけていただきたいと思います。

しかしながら、言うまでもありませんが、インターネット上にはフェイク情報が溢れています。ＣｈａｔＧＰＴは自信満々に嘘をつくことがあります。「ＣｈａｔＧＰＴ」に「西原廉太」について尋ねてみたところ、なんとなく合っている部分もあるのですが、私は、２００３年12月３日に83歳で逝去となっていました。

2. 社会に貢献できる人を

２０２３年５月12日に立教大学は、学生および教職員に向けて以下のメッセージを発信しました。

「生成系人工知能をはじめとするＡＩの発展は目覚ましく、その大きな社会的インパクトが顕在化し、多くの人々がＡＩについて思いを巡らせ、関心を寄せるようになりました。今後ますますＡＩは、正負の両面で社会的影響を強め、重要なテクノロジーとなり、それに対するリテラシーも必要不可欠となるでしょう。

立教大学ではこれまでリベラルアーツ教育を基軸に、人類が築き上げてきた知の体系とそれらを社会に還元していく力をもつ人を育んできました。

本学では、学びと技法の深化を目的として、ＡＩを有効かつ適切に利活用し、社会に貢献できる人々を輩出したいと考えています。そのために学生の皆さんには、ＡＩに関して基礎的なリテラシーを獲得し、正負の両面から効果や影響を検討し、積極的かつ創造的に活用を進め、広めていく能力と姿勢を培ってほしいと考えます。そして、教職員は個々の教育や研究や職務に応じて、適切な利用方法を探究し、実践していくことで、学生の教育の質の向上に貢献することができます。

授業や研究における利活用のあり方については、個々の内容や分野によって違いが生じるため、学生の皆さんは教職員の指示に沿って、適切に利活用してください。また、ＡＩの利活用によって皆さんの学修効果が低減することのないよう、学修の目的や期待される成果に思いを巡らせ、学問的誠実性（アカデミック・オネスティ）を遵守し、ぜひＡＩを「上手に」使える人であってください。

生成系人工知能の利用にあたって留意すべきこととしては、技術的な側面だけでなく、倫理的な観点や著作権と知的財産の尊重、プライバシー保護など、多岐にわたります。教職員がＡＩ技術を使う場合にも、教育の質の向上と社会的責任を果たすことが求められます。２０２０年度に設置した「人工知能科学研究科」においても、技術の獲得・探究のみならず、ＡＩ活用における「ＥＬＳＩ」（"Ethical, Legal, and Social Implications"＝倫理的、法的、社会的諸問題）や社会実装を重視しています。

立教大学は、ＡＩが及ぼす正負の両面を考慮する事はもちろん、ＡＩを含む最先端技術の活用に積極的に取り組み、学びを深めることを第一として、社会に貢献できる人々の育成に努めていきます」

3. 感性を研ぎ澄ます

立教大学講師で、芸術社会学者の河原啓子さんはこう語られています。

「ほとんどの芸術家が行っているのは、専門領域について学び、徹底的に考えた上で、感性を研ぎ澄ますことだ。芸術作品は、芸術家の〈沈思黙考の痕跡〉とも言える。一方、鑑賞者はどうか。音楽や美術を鑑賞するときのことを思い出してほしい。心潤うメロディーに心を預けたり、絵画を見ながら「これは何を描いたのだろう」と想像を巡らしたりと、受け手の内面では、ひそやかな出来事が生じる。それは本人すら意識しない、実に個人的な〈内的思索〉がほとんどだ。

このような〈沈思黙考の痕跡〉と〈内的思索〉の対話は、教室でのディスカッションと同じく、記録として残さない限り、その場で消失してしまう。チャットＧＰＴは、あたかも人間と対話しているかのように答える。こうした生成ＡＩが登場し、「人間が考えるとは何か」という本質的な問いが投げかけられている。それはインターネット上に記録された膨大なデータを「学習」することによって生成ＡＩがもっともらしい「考え」を答えとして示すからだ。

しかし、教室での議論や、芸術家の思考の痕跡と鑑賞者の内面での対話は、すぐに消えてしまう。だからこそビッグデータにもなり得ず、ＡＩに直接利用されることもない。ただ人が考えたことが存在していたという、事実のみが残っている。それはＡＩの餌食とはならない唯一無二のものなのだ。その〈考えた事実の存在意義〉に目を向けることが、生成ＡＩ時代に人間がよりよく生きる鍵になるのではないだろうか」（『朝日新聞』２０２３年８月９日）

4．自分で確かめる姿勢を

私がみなさんに求めたいことは、手っ取り早く知識を得ようとしたり、鵜呑みにしたりすることなく、自らオリジナルの資料、すなわち第一次資料や原書、原文にあたり、読み、確かめてほしいということです。そのためには、必要な言語を修得し、異なる文化を理解する必要があります。日本にないものであれば、実際に海外にまで出かけていき、自分の目で確かめなければなりません。

立教大学には池袋キャンパスにも、新座キャンパスにも日本の大学の中でも有数の図書館があります。早朝から夜遅くまで開館しています。みなさんには、ぜひ立教大学の図書館をフルに活用していただきたいと願います。実際に本を手に取ることはもちろんですが、人類の知の集積である本に囲まれながら、さまざまなことを思い巡らすということもお勧めします。それはまさしく学生時代にしかできない贅沢な時間です。

立教大学を設立したのは「聖公会」（Anglican Church）という英国の国教会に起源を持つ教会ですが、「聖公会神学」（アングリカニズム）を確立した英国宗教改革は、従来の伝統にとらわれない広い視野に立った展望を抱いていた聖職者、神学者、信徒によって実現しました。伝統主義、教会権威主義と呼ばれるような特定の立場を、あたかも教会の本質、不可欠な原理であるとする主張を斥け、他方では、カトリック主義とプロテスタント主義の双方に見られたドグマティズムや、信仰告白主義、教派主義をも否定するものでした。

聖公会における「リベラル」とは、頑なな伝統主義や権威主義を排する姿勢を意味しました。聖公会の原点とは、仮にカトリック的傾向であれ、あるいはプロテスタント的傾向であれ、「リベラル」なのです。それは、原始教会の伝統を最大限に尊重しつつ、必ずしも字義通りの解釈を強制せず、それぞれの時代の信仰者は理性を駆使して、真理を求めて絶えず努力する立場であるとも言えます。

本来、伝統を重んじつつ、常にインクルーシブ（包括的）なものであると主張するのが聖公会の教会論です。絶えずダイナミックな創造の営みを承認すると同時に、この世界における どのような制度にも、真理の絶対的確かさを求めたり、固定化したりすることはありません。マニュアル化させてしまうものは「伝統主義」（traditionalism）として否定されます。「伝統主義」ではなく、生命線（life line）としての「伝統」（tradition）を大切にするのです。それぞれの状況の中でいかに「伝統」を解釈できるか、それぞれにとってのlife lineは何か

立教大新座キャンパスでの24年度学園祭
（埼玉県新座市）

を考えることが、「伝統」を考えることに他なりません。私たちは「伝統主義」に陥っていないかが常に検証されなければならないのです。

5. 真理を探究する「場」に

近代大学の起源は、12世紀に誕生したパリ大学、オックスフォード大学、13世紀にオックスフォード大学から派生したケンブリッジ大学ですが、とりわけオックスフォード大学、ケンブリッジ大学はもともと聖公会とつながる大学であり、私たちの建学の精神のルーツでもあります。オックスフォード大学、ケンブリッジ大学を構成するのはそれぞれの「カレッジ」ですが、「カレッジ」とは修道院から派生したもので、教員と学生が共に祈り、共に生活し、共に学ぶ空間のことでした。真理を探究する無限の旅を共にする「場」、時代を超え、空間を超えて真理を探究することのできる「場」こそが、聖公会につらなる大学の原点なのです。

これら初期大学に置かれた学部は基本的には、「神学部」「医学部」「法学部」でした。神学部を卒業すると司祭になりますが、司祭は、人々の精神的・霊的痛みに寄り添う働きを担います。医学部を出れば医者となりますが、医者は、人々の身体的・肉体的痛みを癒す者たちです。法学部を卒業すれば法律家となりますが、法律家は社会的痛みに関わる職です。「職業」を英語では〝vocation〟や〝calling〟と言いますが、いずれも語源は聖職者に召されること、すなわち「召命」です。これらの人々や社会の「痛み」に寄り添う職業こそが「聖職者」であり、こうした「聖職者」たちを生み育てることが、究極的には私たちの使命であり、建学の理由に他ならないと言っても過言ではありません。

立教大学の創立者、チャニング・ムーア・ウィリアムズは、当時の日本政府の「国家に有益な人材養成」という教育方針が、功利主義、物質主義、技術・実学偏重以外の何物でもないと批判し、リベラルアーツの思想に根拠を持つ全人格的な教育の重要性を訴えました。第二次世界大戦後、日本の各大学は、米国の占領政策もあり、米国の大学を模倣していわゆる教養課程を置きますが、実際のところは、文部官僚はもとより、当の大学関係者も本来のリベラルアーツ的教養教育の真意を理解することはありませんでした。実学教育偏重も変更されることなく、依然として、哲学、宗教、思想などに代表されるヒューマニティーズなどは「虚学」として軽視されたのです。少なくとも、実学と虚学は分離されるべきものではなく、両輪として位置づけられるべきものでした。近年では「リベラルアーツ」は一種の流行語となった感もありますが、その理解の実体は明治期以来、本質的に変わっていません。

日本最初の「近代的」大学は、1877年に誕生した東京帝国大学（東大）ですが、東大設置の意図は、ヨーロッパの伝統に倣う「知識の伝道」を目指すものでした。しかし、東大は世界の大学の常識からすればきわめてユニークな構成を持っていました。すなわち、「神学部」がなく、「理学部」があり、1886年には「工学部」を設置したという点です。欧米の大学における必要条件として「神学部」の存在がありました。「神学」を中核的に担う場がなければ、それは「欠陥大学」とされました。また、実は欧米の大学で「理学部」が作られたのはドイツで1875年のことですので、そのわずか2年後に東大に理学部が生まれていることになります。「工学部」に至っては、この時期に世界中で総合大学内に「工学部」を備えた大学は他には一つも存在しません。1897年創立の京都大学は当初から40％の学生が工学部生であり、その比率は現在でも基本的に変わっていません。日本の大学は「神学」なしの「工学」ありという特徴があり、欧米の大学理解からすれば、これはきわめて異例であったのです。

6. 自らの弱さや不確かさを自覚する

欧米の人々にとって、「神学」は大学にとっての生命線である一方、「工学」を大学という場で行うことには大きな抵抗がありました。そもそもの学問や知の根拠は、創造者である神の計画を「自然」の中に読むことであり、こうした精神構造は、現代においても息づいていると言って過言ではありません。現世的、実利的問題の解決のために、実際的知識やノウハウの類を「大学」で扱うことに強い拒否感があったのです。

西欧においては「科学」と「技術」の間に明確な分岐があり、住み分けがなされていました。「科学（自然哲学）」は「知」の領域として「大学」において担われ、工学で扱うような「技術」はむしろギルドなどの職人の人々によって、しっかりと為されていました。米国の有名なマサチューセッツ工科大学は１８６１年に設立されていますが、日本語訳では「大学」ですが、正式な英語表記は、Massachusetts Institute of Technologyと、あくまでもinstituteであって、universityやcollegeではありません。

日本には、最初から「科学」と「技術」の峻別は存在しなかったのです。私たちも「科学技術」とひとかたまりで呼称し、理解することの方が多いのではないでしょうか。それは、まさに日本が、「知」とは何か、「神学」と「科学」の歴史的なコンテキストを抜きに近代化に踏み出したからに他なりません。なぜ「神学」ぬき、「工学」ありの学校を西欧では「大学」と呼ばないのかを理解できなかったのです。逆に言えば、日本は当初から「神学」に縛られずに、実利的な「科学技術」としての研究に純化できたがゆえに、その後の急速な近代工業化を実現できたと見ることもできます。日本人にとっては「知識」とは常に実学的、実利的なものでした。日本は、産業化や技術発展においては間違いなく成功したと言えますが、それと引き換えに、リベラルアーツ教育の深いところでの理解、そしてそれらを支える豊かな思想性の涵養を軽視してきたと言わざるを得ないのです。

立教大学がかつて、フランク・グリズウォルド元米国聖公会総裁主教を招いた際に、グリズウォルド主教はこう語られました。

「聖公会学校とは真理を味わう場であり、学生、教員とは真理を探究する旅人だ。学校は学生の〝character〟を形成する場だ。〝character〟とは単に、性格とか人格ということではなく、〈自らの弱さや不確かさを自覚する変化を恐れない精神〉を意味する。だからこそ聖公会学校は真理を探究するために常に開かれていなければならない。閉じられてはならない。自らが試される、自らが否定されることを恐れてはならない。ことにキリスト教を規範とする聖公会学校はそのような意味で〈危険な場〉でなければならないのだ」

私たちの大学の課題とは、まさしくこのような意味において、〈危険な場〉となることです。批判すること、批判されることを恐れず、真理とは何かにこだわり続けること。自己の存在を知り、他者の存在に気づき、人間を学び、世界を読み解くこと。いわゆる「常識」「定説」を疑うこと。「権威」を問い、相対化させることです。

7. 自らの殻を破り、解放する

聖公会につらなる学校の「建学の精神」にはいずれにも共通するキーワードがあります。それは、第一には、「真理を探究することができる」ことです。具体的には、以下の諸点にまとめられます。①普遍的なる真理を自由に、かつ謙虚に探究することができる。②神から与えられた才能、資質を伸ばし、科学的知識を培い、技能を磨くことができる。③伸びやかな発想で自分を表現し、知性を広げ、望みを高くすることができる。④自分の殻を破り、これまでに身につき、無意識のうちに自分を閉じ込めてきた殻を破って、自分を解放することができる。

第二には、「一人ひとりの存在を大切にすることができる」ことです。具体的には、以下の諸点が挙げられます。①神を畏れつつ、世界、社会、隣人、すべての「いのち」のために、愛をもって仕え、共に生きることができる。②神の前では、一人ひとりの人間が等しい意味と価値を持ち、神から愛されるかけがえのない存在であり、尊重されなければならないことを理解できる。この世界、この社会の片隅で、さまざまな困難や悲しみ、孤独の中で、声を出すことができないでいる者、かすかな声で癒しと救いを求めている人々の存在を、聴き取ることができる。

これらを大切にすることこそが「聖公会のミッションと伝統」に他ならず、それらはすでに私たちの「建学の精神」の中に込められているのです。①人間が生きていく上で本当に必要な「智」、②他者の痛みに共感し、共苦できる「感性」、③世界史的、人類史的な「世界観」と歴史認識、④多文化世界に生きることのできる「国際性」。このような内容を本質的な核とするものが立教大学の規範とする「リベラルアーツ」です。

大学生のみなさんは本物のリベラルアーツを修得し、論理的思考力、課題発見力、未来社会の構想力を身につけてください。それは、みなさんが生涯にわたって学び続けるための土台作りでもあり、言い換えれば、みなさんが一生の間、人間としての芯を形作る学びであり、社会の大きな見取り図、羅針盤を自分の中に持つことにつながります。いわゆる「常識」「定説」を疑い、「権威」を問い、相対化させること。「なぜ」と問いかける批判的精神を形成することでもあります。批判すること、批判されることを恐れず、真理とは何かにこだわり続けること。自己の存在を知り、他者の存在に気づき、人間を学び、世界を読み解くことです。

予測不可能と言われる今の時代、社会が最も求めるのは、まさしくこのような力と感性を持っている者たちであることは間違いありません。社会の複雑化とグローバル化による社会変化とは、実は価値を測る「物差し」が増えるということでもあります。固定化された一つの「物差し」では、もはや生きていくことはできない時代に、みなさんは突入していきます。異なる価値観や考え方を理解するために、大学で、ぜひ、自分の中の「物差し」を増やしていってください。

8. 未来を自由に構想できる人に

時に、リベラルアーツといった教養的な教育よりも、もっと専門的な資格などに直接つながる実践・実務的な指導をしてもらわないと就職に不利になる、という声を聞くことがあります。しかしながら、リベラルアーツ教育が重視する、先入観や固定観念にとらわれずに、未来を自由に構想できる人が存在しなければ、企業体などあらゆる組織体も発展することはできません。私たちが直面する社会の現象や課題から、自らが必要とするデータを抽出し、エディティングして、アイデアへとつなげていくいわゆる事業計画というタスクは、論文や物語を執筆する作業と本質的には同じです。異なる文化や伝統を比較検討し、それらの相違点を明らかにし、それらの文化や伝統が伝わる過程を研究する比較文化という手法は、企業におけるマーケティングのプロセスと変わりません。

英語やその他諸言語の外国語関連科目の学びでは、異なる言語体系で表現された内容を、適切な日本語に翻訳し、読者に理解できるものに編集するトレーニングを集中的に行います。これは、まさに広告代理店や証券会社などの仕事そのものであると言えます。これらの仕事では、この社会を構成するさまざまなステークホルダーたちの思いを言語に変換し、それぞれが十分に認識し、腑に落ちるところまで整えなければ、カスタマーを獲得できません。「翻訳」という作業は、外国語を日本語に訳すだけを意味するのではありません。高齢者の声をサービスに反映させるのも、子どもたちのニーズを商品に結実させるのも、実はすべて「翻訳」なのです。

音楽や美術、文学などのいわゆる芸術に触れ、学び、感性を養うことは、豊かな想像力、創造力、発想力を鍛えることにつながります。これからの不確定要素に満ちた答えのない時代を生き抜いていくためには、こうした感性を持っていることが不可欠です。言葉化しにくい感性を言語に変換し、聞き手に分かりやすく伝えるといった力は、リベラルアーツの教育によって養われるものです。この力こそが、ますます現代の社会に求められているのです。

今日、「リベラルアーツ」は一種の流行語となっている一方で、「リベラルアーツ」の本質や原理的な意味について掘り下げられることなく、単なる「教養」的なニュアンスで語られる場合が多いのが現実です。数学者の藤原正彦先生は、数学にとって重要なのは、論理よりも美を発見する感受性であると言われます。三角形の内角の和が180度という定理は、たとえ地球が滅ぼうと変わらない。この真理を見つける美的感覚は人間固有のもので、AIには決して備わっていない。AIには本質的には死はなく、有限性がない。人間は死という限定を抱えていて、それが悲しみや恐れ、はかなさの根源となっている。したがってAIは、人間に特有の深い情緒も美的感受性も持ちえない。情緒も感性もすべて死にかかわるものだからです。情緒が求められる数学はまさに「アート」であり、「リベラルアーツ」が求められる学問なのです。

人間の情緒や感性によって織り込まれた「アート」に生きることをぜひ大切にしてください。「リベラルアーツ」は、人が自分らしく生きていくための術《すべ》でもあります。人生という大海原の荒波を漕いでいくためのいわば「羅針盤」（コンパスローズ）です。みなさんも、そのような羅針盤を身につけて、自分だけの道程を生きていっていただきたいと願います。

人生と仕事と学びをつなぐ15の講義

18歳からのキャリアデザイン

第1章

大学生活を始めるために

講義2

キャンパス新生活の心構え

日本経済新聞社 編集委員・立教大学 兼任講師　倉品武文

講義のポイント

・春学期（前期）は大学での新しい授業、生活、活動などに慣れることを優先しよう。
・大学での授業は予習復習に加え課題提出も多い。時間割は詰め込み過ぎないように。
・疑問点や知りたいことが浮かんだら、先輩や友人の助言もヒントに自分で調べよう。
・活動やイベントに積極的に参加しよう。新たな出会いが可能性を広げてくれる。

1．新入生へ、入学式前に知ってほしいこと

●新入生オリエンテーションに参加を！

入学式が近づくと、多くの新入生が憧れの大学正門で記念撮影をする日を楽しみにしていることでしょう。でも、新生活を始める前に注意してほしいことがあります。多くの大学

立教大学正門と桜の風景（2024年4月10日、写真：筆者撮影）

で毎年、新入生に大学での新生活を紹介し、アドバイスするオリエンテーションを開いています。必ず参加しましょう。説明される内容は学生生活全般の案内や相談窓口の紹介、履修登録の手続き、大学外でのボランティア活動など幅広く用意されています。学内のウェブサイトを通じて日程や会場を知らせる場合もありますので必ず確認しておきましょう。まだ難しいかもしれませんが、少しずつ4年後の自分の姿をイメージしてみてください。

●自分だけの時間割をつくろう！

新入生にとって4月の大事な手続きの一つに科目の履修登録があります。4年間に修得しなければならない単位数や科目群を理解することから始めましょう。履修科目には教養系科目（共通科目）と専攻科目があるほか、自らの学びを深め、関心

ウェブサイトや案内書で大学の制度や窓口を確認しよう

(1) 授業・試験	○履修登録の方法と手続き ○授業時間と出席確認 ○試験の方法、成績評価の仕組み
(2) 窓口・施設	○学生相談、キャリアサポート、健康管理 ○図書館など大学施設の利用に関するルール
(3) 学費・奨学金	○納入時期や方法、休学時の取り扱い ○大学及び外部の奨学金制度
(4) 就職・進学	○就職支援制度 ○大学院進学、海外大学への留学

を広げていくための自由選択科目などもあります。まず春学期（前期）に学ぶ科目を選び、自分だけの時間割を作ってみましょう。

毎年、新入生から「新しい友人や先輩をつくるにはどうしたらよいでしょうか」と質問されます。新入生にとって、特に4月は相談相手が少ないのが共通の悩みではないでしょうか。オリエンテーションやガイダンスには学部の先輩が参加する場合も多いようです。

「こうすればよかった」という自らの体験を聞かせてくれる先輩を探すとよいでしょう。先輩が本音で聞かせてくれる話は、教授陣の雰囲気、科目の特徴、参加して良かった活動などを知る貴重な機会になるはずです。集めた情報やアドバイスを新入生同士で共有すれば、新たな友人づくりにも役立つでしょう。

毎年、キャンパスは新入生の笑顔があふれる（2024年4月3日）

●主要な部署や施設を確認しよう！

高校までとは異なり、大学では科目ごとに教室を移動する新しい授業スタイルになります。新入生の場合は1時限から始まる授業も多く、1コマ90～100分間という授業の時間も相当長く感じるはずですし、体力も必要でしょう。キャンパスには多くの建物や教室がありますから、施設の位置に慣れるまでは、移動時間にも注意しておきましょう。

キャンパスには学生生活を送るうえで大切な様々な施設があります。膨大な蔵書を持つ図書館はまさに大学の財産ともいえます。歴史的に価値のある文献、専門書、最新のデータベースを利用できる環境があります。街の書店が減る中で、大学の図書館は気軽に立ち寄れる知の泉です。スタッフに尋ねれば操作方法や調べ方を教えてくれる

大学の図書館は、知の泉でもある（立教大池袋キャンパス）

でしょう。

就職活動の関連情報を集めるなら就職部やキャリアセンターといった窓口があります。就職関連では定期的に情報交換や交流の場が設けられています。先輩の就活体験、卒業生の職場体験を聞けば、視野が広がるでしょう。学生生活全般の相談なら学生課、留学の支援部署などもあります。特に奨学金には申請手続きのための期限がありますので、早めに担当部署に問い合わせることをお勧めします。

●日々の自己管理を大切にしよう！

大学生になると日々のスケジュールや健康など自ら管理することが求められるようになります。自分だけのスケジュール表をつくりながら、時間配分をしていく経験は社会に出てから大いに役立つはずです。

新入生から寄せられる悩みの一つに「スケジュールがいっぱいで、授業の予習復習、課題提出、サークル活動に苦労しています」という切実な問題があります。話を聞いてみると、2年生を終えるまでに多くの単位を取り、3年生になったら就職活動に時間をかけたいという声が多いのです。自分にふさわしい会社を探すために、早くインターンに参加し、卒業生や先輩の話を聞いてみたいという思いがあるのでしょう。

少し考えてみてください。大学で学ぶ目的は卒業に必要な単位を取って就職することだけがゴールなのではありません。4年間という時間は、学びを深め、生き方について考える自分だけの時間でもあるのです。将来の夢や目標を実現するために思いを巡らせる時間があってもよいでしょう。いまハッキリとした目標がなくても「将来を考える」という意識を持つことができれば十分です。

●新生活を振り返る時間をつくろう！

7月に定期試験に臨み、課題を提出すれば長い夏季休暇が待っています。旅行やレジャーに出かけたり、高校や中学のころの友人と再会したりしてみるのもいいですね。受験や大学での新生活を経験して心身ともに疲れているでしょうから、ぜひリフレッシュしてください。

時間のゆとりが出てきたら、春学期にできなかったこと、成績が思わしくなかった科目などを整理しておくことをお勧めします。振り返りの時間が大切です。秋学期（後期）への課題や弱点を乗り越えるヒントをつかめるかもしれません。

入学時に大学生活ガイドや新たな視点を養うための科目案内などを受け取っていたら、もう一度、読み直してみてください。最近は大学のウェブサイトも豊富な情報を掲載していますから、関心のあるキーワードを使って検索してもよいですね。

秋学期には学園祭を開催する大学が多いです。学園祭全体の運営や個別のグループ活動に参加してみたいという新入生も多いことでしょう。活動は友人をつくるきっかけにもなります。人生や仕事について話し合える友人を増やしてほしいと思います。

2. 大学の先輩から全国の後輩たちへ

立教大学の学生諸君に体験を踏まえて新生活を始めるアドバイスを寄せてもらいました。多くの学生が「大学では自ら情報を集め、判断する場面が増える」と強調しています。自ら学んだ知識や汗を流して得た経験は生きていく知恵となるでしょう。

アドバイス❶　講義はしっかり参加しよう！

「1週間の過ごし方を考えて、履修登録する科目数を考えよう」

「大江戸新座祭り」にボランティアとして参加した立教大生たち

「わからないことは放っておかない。どんどん吸収していこう」

【解説】　新入生が大学で履修する講義には教養系科目（共通科目）と専門科目という大きな柱があります。それぞれ14コマの講義を受けるために、予習や復習、課題提出の準備に時間がかかるでしょう。

講義を聞いてわからないことが増えてくると学ぶ意欲も薄れてくるでしょう。そんな事態に陥らないように、たとえばキーワードや定義はしっかり理解しましょう。教科書は専門的で、長文が多いかもしれませんが、諦めずにじっくりと繰り返し読み続けてください。集中力を養い、理解力を深めることが大学で学ぶために必要な姿勢です。

アドバイス❷　新しい先輩・友人をつくろう！

「サークル活動や大学が主催するイベントを探して参加しよう」
「ボランティア活動は大学以外に知人をつくるきっかけになる」

［解説］ 大学では様々なテーマを掲げるサークル活動や大学が主催するイベントがあります。それぞれ独自のウェブサイトやＳＮＳ（交流サイト）をつくって情報を発信している場合が多いです。同じ趣味や興味を持つ学生が集まる教室や会場でかわす何気ない会話は、新たな先輩や友人をつくるきっかけになります。

毎週のように活動する時間の余裕がない新入生もいるでしょう。そんな場合には期間限定で参加できる大学のボランティア活動をお勧めします。たとえば災害に見舞われた被災地での復興支援、子どもたちと一緒に学ぶ活動、地域の祭りやイベントの開催に協力する活動など多くのプログラムがあります。世代の異なる人々と交流する機会が広がります。

アドバイス❸ 伝える力を磨こう！

「日々の授業やゼミは書く力、話す力を身につける練習になる」
「人工知能（ＡＩ）を参考にしても、自分で考えることが大事」

［解説］ 多くの新入生から「大学時代に取り組んだ方がよいことは何でしょうか」という

日経立教共同講座「キャリアデザイン」の初日風景（2024年4月10日）

質問を受けます。そんなとき「人とコミュニケーションする力」の大切さを話すようにしています。自分自身が考えていることを、相手にどう伝えたらよいかという視点を大事にしてほしいからです。

一方、しっかりした文章を書く力、質問できる力を持った先輩たちもいます。そんな学生たちに大学で心掛けていることを聞いてみました。すると、授業の感想や意見を教授陣に伝えるリアクションペーパーを書いたり、用意した文章を読みながらでも教室で質問したりするなどの共通点がありました。

アドバイス❹　就職活動は情報収集を大事に！

「就職活動を始める前に、どんな業界や会社があるのか調べよう」

「就職活動では大学の先輩や卒業生の体験談がとても参考になる」

【解説】　多くの新入生が就活に高い関心を持っています。でも「どんな会社を選んだらよいのでしょう」という共通の悩みもあるようです。世の中には数多くの会社があり、経済活動や社会の仕組みを支えています。まず、どのような業界があり、どのような会社があるのか調べることから始めてみましょう。

大学には学生の就職を支援するキャリアセンターのような専門的な部署が先輩の就活体験、卒業生の職業体験を聞く場を設けています。体験談を聞きながら「働くということはどういうことか」「自分に合う仕事を見つけるにはどうすればよいか」と考えてみましょう。1～2年生のうちから参加しても決して早すぎることはありません。

アドバイス❺　「4年後の私」を想像してみよう！
「大学で学び、体験したことは、失敗しても大きな自信になる」
「迷っているなら行動してみた方がいい。その方が後悔しない」

【解説】　多くの先輩が「チャレンジしたことで学べたことが多かった」と大学生活を振り返っています。さらに「迷って行動しなかった方が、失敗した経験よりも後悔が大きくなる」と強調します。大学で学んだこと、体験したことはすべてみなさんが生きていく上で大きな支えになるのです。

それは新型コロナウイルス禍で入学式に出席できなかったり、対面授業を受けられなかったりした卒業生たちにも共通する気持ちです。厳しい環境にいたり、つらい気持ちになると、人はできない理由を先に考えたくなるものです。そんなときこそ「いまできることを考え、取り組もう」という気持ちが大切です。

●「キャンパスは人生の可能性を広げる舞台」

新入生が思い描く「4年後の私の姿」は、就職、留学、大学院など様々な選択肢があることでしょう。それだけに春学期は慎重に、時間を大切に過ごしてください。人生を選べるという生き方はとても幸せなことだと思います。

人生に必要な情報を集め、考えぬく時間は一人ひとり異なります。そんなとき、読書をきっかけに新しい視点や知らなかった価値観に接することができます。先輩たちに読み継がれてきた本は貴重な人生のデータベースでもあるのです。1日の中で、たとえ10～15分でも構いません。スマホから手を離してページに刻まれたメッセージを探してみましょう。

まず、梅棹忠夫著『知的生産の技術』(岩波新書)を紹介します。同著は高度成長期の1969年に出版された名著と呼ばれる1冊です。梅棹氏は読書をする際「だいじなところ」と「おもしろいところ」を意識しながら二重に読んでいました。当時、「資料をさがす。本をよむ。整理をする」といった知的作業が専門家だけでなく、一般市民の日常生活にも重要になるという問題意識を抱いていたそうです。同著には、高名な学者でもある著者が大切にした学びの姿勢がつづられています。みなさんが大学での学び方について理解を深め、自らの教養を育んでいくうえでも参考になるでしょう。

就職活動を意識しながら、自らの人生を考える機会も増えてきます。星野道夫著『旅をする木』（文春文庫）は、旅にたとえた人生の日々がつづられています。星野氏はアラスカに魅了され、大学卒業後に写真家になるための修業をしました。そしてアラスカに移り、43歳でヒグマによる事故で逝去するまで、命の躍動感に満ちあふれた大自然や生き物たちを撮り続けたのです。迫力のある写真集も遺されています。旅の原点は高校生のときに遡ります。なんと、移民船に乗って、一人で米国に旅立ったというのです。約2カ月間の一人旅が終わるころ「ぼくは自分自身に乾杯をした。心の筋肉というものがもしあるならば、そんなものをふつふつと身体に感じていた」と記しています。人生とはあなた自身が判断し、歩んでいくものなのです。

自分の将来の可能性を広げていくには、新しい知識を吸収したり、経験を積んだりすることが大事になってきます。そんなときには先輩や友人の助言がヒントになります。自ら歩んでみたい道を描きながら、一つずつ答えを出していきましょう。

全国の新入生へ学生生活のアドバイスを寄せてくれた立教大の先輩たち
岡田真子さん、奥村真由さん、金光里桜さん、佐山菜々さん、関戸桜和さん、瀬山大吾さん、日比野花楓さん、田口玲さん。

参考資料

・『私たちはなぜ、学び続けるのか』（池上彰著、日本経済新聞出版）
・『池上彰の18歳からの教養講座　現代世界を知るために』（池上彰著、日本経済新聞社編、日経ビジネス人文庫）
・『知的生産の技術』（梅棹忠夫著、岩波新書）
・『未来の科学者たちへ』（大隅良典・永田和宏著、KADOKAWA）
・『旅をする木』（星野道夫著、文春文庫）
・日本経済新聞朝刊コラム「読む！ヒント」

講義3

新聞記事に学ぶ伝わる文章のコツ

日本経済新聞社 日経TEST副編集長
桂 裕徳

講義のポイント

・正しいデータに当たろう。
・結論を最初に書こう。
・書きたいことは極力1つに絞り込もう。
・自身の経験や身近な話題で読み手の共感を誘おう。

リポートや論文をいかにうまくまとめるか。多くの学生が日々悩んでいることだと思います。ここでいう「うまくまとめる」とは、正しいデータやファクツ（事実）に基づいて考え、論理的思考を巡らし仮説を立て、思考のプロセスや結果を簡潔な文章で読み手に伝わるように書く、といった一連の作業を指します。これらは実社会で求められる能力でもあり、一度身につけると生涯自らを助けるスキルとなります。新聞記事の文章はより客観的な視点で、〝学生からお年寄りまで〟が読みやすいように工夫されたものです。記者が持つ取材・執筆のスキルを基に「伝わりやすい文章のコツ」を伝授したいと思います。

1．正しいデータに当たろう

●データは比べてこそ意味がある

身近な問題をデータで考えてみましょう。課題は「日本の治安は長期で〇〇している」です。〇〇に当てはまるのは「改善」「悪化」のうち、どちらでしょうか？

「日本の治安は長期で改善している」が正解です。意外だったでしょうか？

警察行政を司る官庁は警察庁です。同庁がまとめた「犯罪統計」によると、事実上の犯罪発生件数とされる「犯罪認知件数」は２０２３年に約70万件。新型コロナウイルスの影響で人の移動が制限された21、22年に比べて件数が増加したものの、ピークの２００２年（２８５万件）に比べるとこの20年で大きく減っていることがわかります。

統計の中身を見ていくと、ひったくりや自転車盗といった「街頭犯罪」、強盗や空き巣といった「侵入盗」が減ったことが犯罪認知件数の減少につながりました。監視カメラの設置が進んだことが街頭犯罪などの抑止力になったと思われます。ちなみに国内の設置台数は23年時点で５００万台以上あるそうです。

代表的な凶悪犯（殺人、強盗、放火など）のうち、殺人はどうでしょうか？　23年は９１２

図表1　刑法犯の認知件数の推移

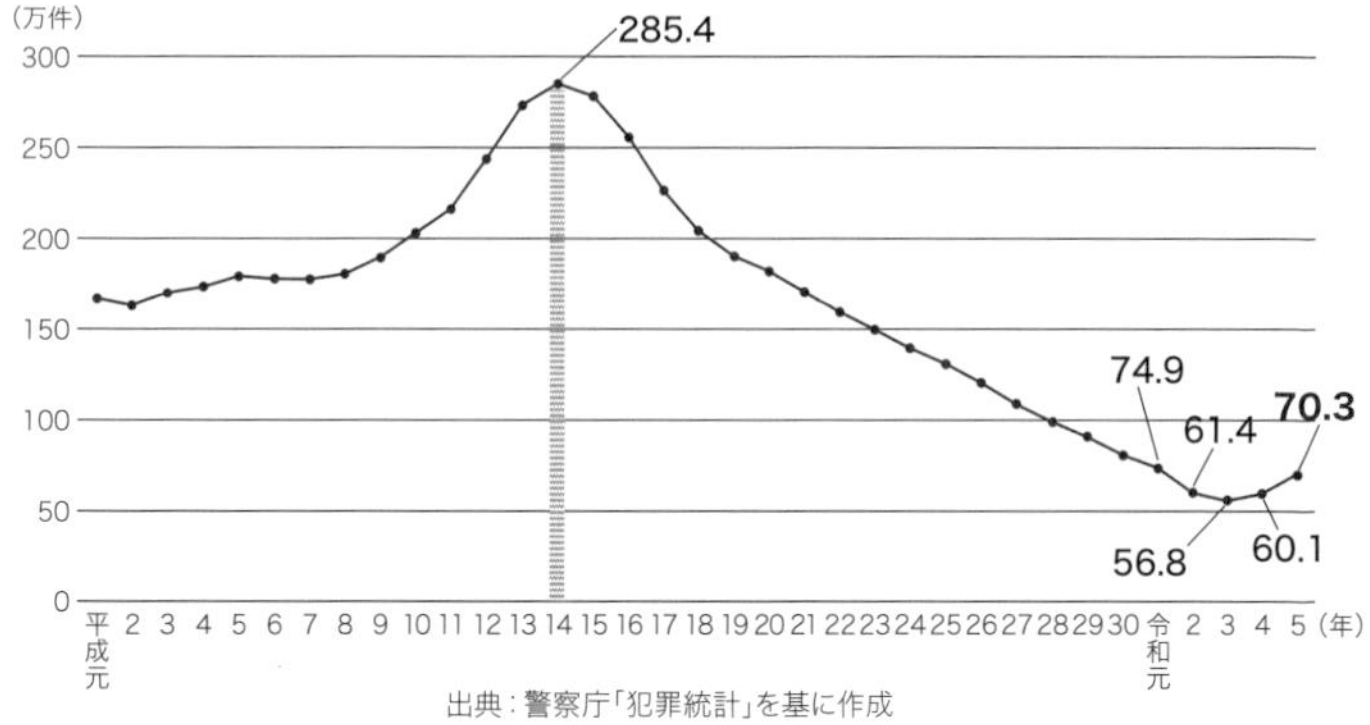

出典：警察庁「犯罪統計」を基に作成

件と前年比で59件増えました。検挙率は95%と高く、強盗も90%超と高い率で捕まっています。最近は高収入のアルバイトの名目で、SNS（交流サイト）を通じて実行犯を募るケースが特殊詐欺以外に強盗などにも広がっていますが、殺人も強盗も高い検挙率から考えるといずれ捕まると考えておいた方が良いです。決して安易に考えてはいけません。

「治安が悪化している」と答えた人もいると思います。そう答えた人は間違いなのでしょうか。

別のデータを見てみましょう。警察庁がまとめた「治安に関するアンケート調査」によると、「ここ10年で日本の治安はよくなったと思いますか。それとも悪くなったと思いますか」という問いに対し、「悪くなったと思う」「どちらかといえば悪くなったと思う」との回答が72%を占めました。

図表2　治安に関するアンケート調査

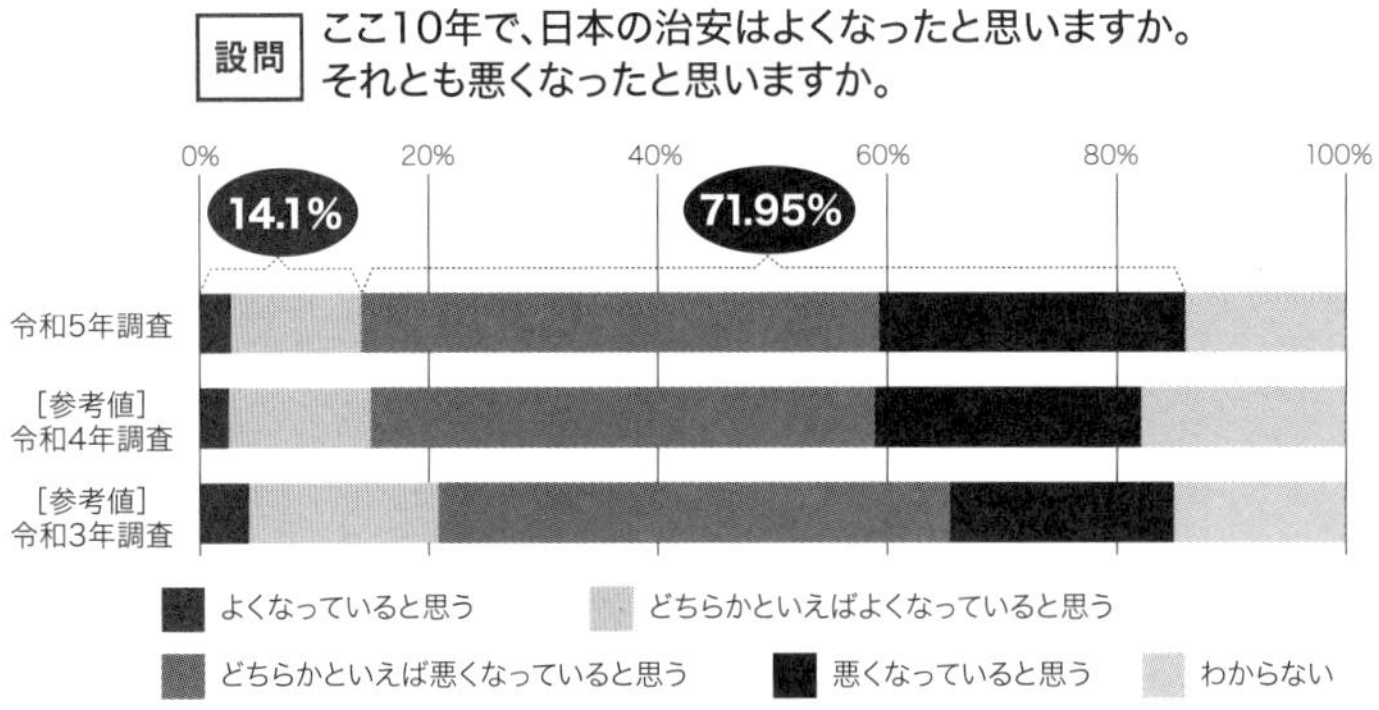

出典：警察庁「治安に関するアンケート調査」より作成

犯罪の発生件数がトータルで減っているのに対し、体感として治安が悪くなっていると感じるのは何か別の要因があるのかもしれません。例えば、詐欺や横領といった知能犯罪は年々増加傾向にあります。住宅に押し入り住人に暴行を加えて金品を強奪する事件も各地で相次ぎました。単純に犯罪件数は減っていても、犯罪の質が変わってきて身近に脅威を感じることが多くなったことが「治安の悪化」を意識する要因とも考えられます。

データを活用する際に気を付けてほしいポイントが１つ。データは比べてこそ意味があるということです。例えば、日本人の平均身長は男性で約１７０センチ、女性が約１５８センチです。これだけだと、「だから何？」となってしまいますね。そこで「タテ（時間）」で比べてみましょう。日本人の身長は１００年前の明治時代に比べて15センチほど伸びているそうです。当時に比べ栄養状態が良くなったことが体格向上につながっているといいます。一方、最近では1980年生まれくらいから少しずつ身長が低くなっています。40代の父母世代に比べて子ども世代の背が少し低くなっているのです。それはなぜでしょうか。調べてみるとおもしろそうですね。

「ヨコ（空間）」で比べることにも意味があります。前述の治安の話ですが、そもそも「日本は治安がいいのか」という問いに対し、米国など諸外国と比べてどうなのかということでも論じることができます。米国の殺人事件発生件数は21年に1万3000件あったといい、年間1000件を下回る日本に比べて約3億5000万人という人口の多さを考慮しても米国の方が治安は悪いと言えそうです。タテとヨコで比べてみて初めて個々の数字が意味を持ってきます。

●必ず「正しい」データに当たること

最後に必ず「正しい」データに当たるようにしましょう。統計はできるだけ新しいものを使うこと。サンプル数や調査方法、発表元がどこかといった「調査概要」の確認も必須です。

表の事例は全国大学生活協同組合連合会がまとめた「第59回学生生活実態調査」の調査概要です。

図表3　「第59回学生生活実態調査」の調査概要

調査の目的	学生の生活、主に経済的な側面と大学生の意識や行動を調べ、改善に役立てるとともに、調査結果の公表を行う
調査の対象	全国の国公立および私立大学の学部学生
調査実施時期	2023年10月〜12月（1963年より毎年秋に実施　※未実施あり）
調査方法	学生を無作為抽出により抽出後、オンラインで調査（Webの画面から回答）
回答数	9,873人（30大学生協　回収率22.8%）
調査項目の概要	収入・収支、奨学金、アルバイト、登校日数、授業形態、サークル所属、就職活動、学生生活充実度、勉強時間、読書時間など

出所：全国大学生活協同組合連合会「第59回学生生活実態調査」

経済状況や勉強時間など大学生活の実態を聞いたものです。注目してほしいのはサンプル数です。９０００人超もの学生の回答を集めた調査は珍しく、等身大の大学生の姿がわかる内容です。

企業がまとめる調査には客観的で有意なものもありますが、自社の製品・サービスをＰＲするための調査も少なくありません。客観性に乏しいデータを使うと、結論が間違ってしまう恐れがあります。信頼性や使い勝手の良さでは、政府がまとめる各種統計には優れたものが多いです。例外もありますが、政府が発表する統計の多くは総務省統計局が管理しています。統計の量、質ともかなり充実しています。政府の発表する統計にどんなものがあるか。自分が欲しいデータがどこにあるか普段から調べておくといいかもしれません。ほかにもシンクタンクや調査機関、独立系の調査会社の統計も目的に応じて利用するといいでしょう。東京商工リサーチなどが毎月公表する「倒産状況」は景気の動向を知る上でも有意な統計です。

2. 結論を先に書こう

●新聞記事に学ぶ相手に伝わりやすい文章を書くコツとは

新聞は忙しく日々を過ごすみなさんにいち早く、正しい情報を伝えるメディアです。短時間により多くのニュースを読んでもらうための工夫が施されています。ここからは新聞のレイアウトや記事の書き方を基にわかりやすく、相手に伝わりやすい文章を書くコツを伝授したいと思います。

新聞記事の構造には明確な特徴があります。修飾語を使わない簡潔な文章で、大事なことから先に書いてあります。忙しい読者のため、より早く、正確にファクツ（事実）を伝えるための工夫です。朝刊1部の文字量は新書1冊分とも言われています。毎日、本1冊分の文字量を読み込むのは大変ですね。速読というやり方もあるのでしょうが、正しい読み方を身につければ、だれでも日々のニュースを素早く吸収できるようになります。

コンビニで市販薬解禁へ

鎮痛薬など 薬剤師不在でも

厚生労働省は薬剤師や登録販売者がいないコンビニエンスストアなどの店舗でも市販薬（一般用医薬品）を買えるようにする。薬剤師とインターネット上でやりとりすれば、解熱鎮痛剤のロキソニンや胃腸薬のガスター10といった第1類医薬品が購入できる。夜間に発熱した人や、薬局が少ない地域での利便性向上につなげる。

市販薬のコンビニ購入の流れ
1 スマホアプリなどで薬剤師らとやり取り
2 薬剤師らが購入を認めれば確認証が発行
確認証
3 購入者は確認証を持ってコンビニへ
4 コンビニのレジで決済&商品受け渡し

夜間・地方で購入しやすく

現在は薬剤師や登録販売者がいない店舗は第1~3類の一般用医薬品（3面きょうのことば）を原則扱えない。第1類は服薬上の注意点を理解する必要があるため、薬剤師による販売を義務付けている。

同じ都道府県にある薬局の薬剤師らが薬の保管状況や販売手順を定期的に確認することを条件に、資格がない店舗だけの店舗や自動販売機でも販売できるようにする。年内にも厚労省の医薬品医療機器制度部会でこの方針をまとめる方向だ。2025年の通常国会への医薬品医療機器法（薬機法）改正案の提出を目指す。成立すれば1~3年後の施行となる見通しだ。

新制度はスマートフォンのアプリを使って薬剤師や登録販売者から薬に関する説明を受けるような形式が想定される。購入が認められるとスマホにQRコードが表示され、レジで読み取れば薬を買えるといった流れになる見通しだ。

市販薬を巡っては窃盗や乱用が社会問題になっている。法令上の薬の保管要件を満たすために、たばこのように購入者の手が届かないレジの後ろなどに保管する対策が考えられる。薬剤師らがビデオ通話などで乱用の疑いがあると判断した場合は購入を認めない。

これまでも薬剤師や登録販売者を置くコンビニは市販薬を売ることが可能だった。実際には人材確保のハードルが高く、普及していなかった。日本フランチャイズチェーン協会によると全国5万7000店のコンビニのうち医薬品を売る店舗は23年2月時点で0・7%にとどまる。

コンビニに医薬品販売を求める声は多い。共通ポイント「Ponta（ポンタ）」を運営するロイヤリティマーケティング（東京・渋谷）が21年に実施した調査によると、コンビニで取り扱ってほしいものを複数回答で聞いたところトップは「医薬品」で53・3%だった。

購入する場面（複数回答）は「急に体調が悪くなったとき」が60・5%で最も多く、「早朝・深夜などに必要なとき」（48・9%）が続いた。

市販薬はネット通販でも薬剤師や登録販売者とやりとりすれば買うことができるものの、手元に届くまで数時間から数日かかる。コンビニなら夜間の発熱時にもすぐにかぜ薬や解熱剤を手に入れられる。

薬局が少ない過疎地での活用にも期待がかかる。薬局の無い自治体は、24年3月時点で34都道府県138町村に上る。

薬機法では市販薬を販売できるのは薬剤師か登録販売者に限定されている。そのため法令上は薬剤師か登録販売者を抱える薬局が薬をコンビニの店頭に置き、店員から客に渡してもらう枠組みにする。いわば「場所貸し」だ。コンビニは薬局から手数料を受け取ることが想定される。

「コンビニで市販薬解禁へ」
2024年11月13日付
日本経済新聞朝刊1面

新聞の〝顔〟とも言える朝刊1面の記事を基に解説しましょう。2024年11月13日付日経新聞朝刊に掲載された「コンビニで市販薬解禁へ」という記事です。

最初の見出し11文字でこのニュースのポイントが表現されています。ほかに「鎮痛剤など薬剤師不在でも」「夜間・地方で購入しやすく」と規制緩和による利点を見出しにとっています。3本の見出しだけでそのニュースが意味することをおおまかに理解できるし、それに要する時間はわずか数秒です。当日の1面は4本の記事で構成されていましたが、その日起きた大きな動きを知るのに10秒程度あれば、足りるということです。

もし、あなたが記事に興味を持ったら最初の1段落を読んでみましょう。厚生労働省が解熱鎮痛剤や胃腸薬の一部をコンビニエンスストアなどが販売できるように規制緩和するということが簡潔に書いてあります。さらに読み進むと、新たな販売方法の仕組み、市販薬販売の現状や課題が書いてあります。患者がインターネット上で薬剤師とやりとりすることが購入条件となっていることを記事左上のイラストで見せています。読者の理解を助けるための工夫です。

●最も重要なのは「大事なことから先に書く」ということ

朝刊1面の一番大きな記事である『アタマ記事』には、冒頭に「前文（リード）」が付きます。短い記事では省かれますが、1000字前後の記事のサマリー（要約）の役割を果たし

図表4　ニュース記事は逆三角形＝最初に結論

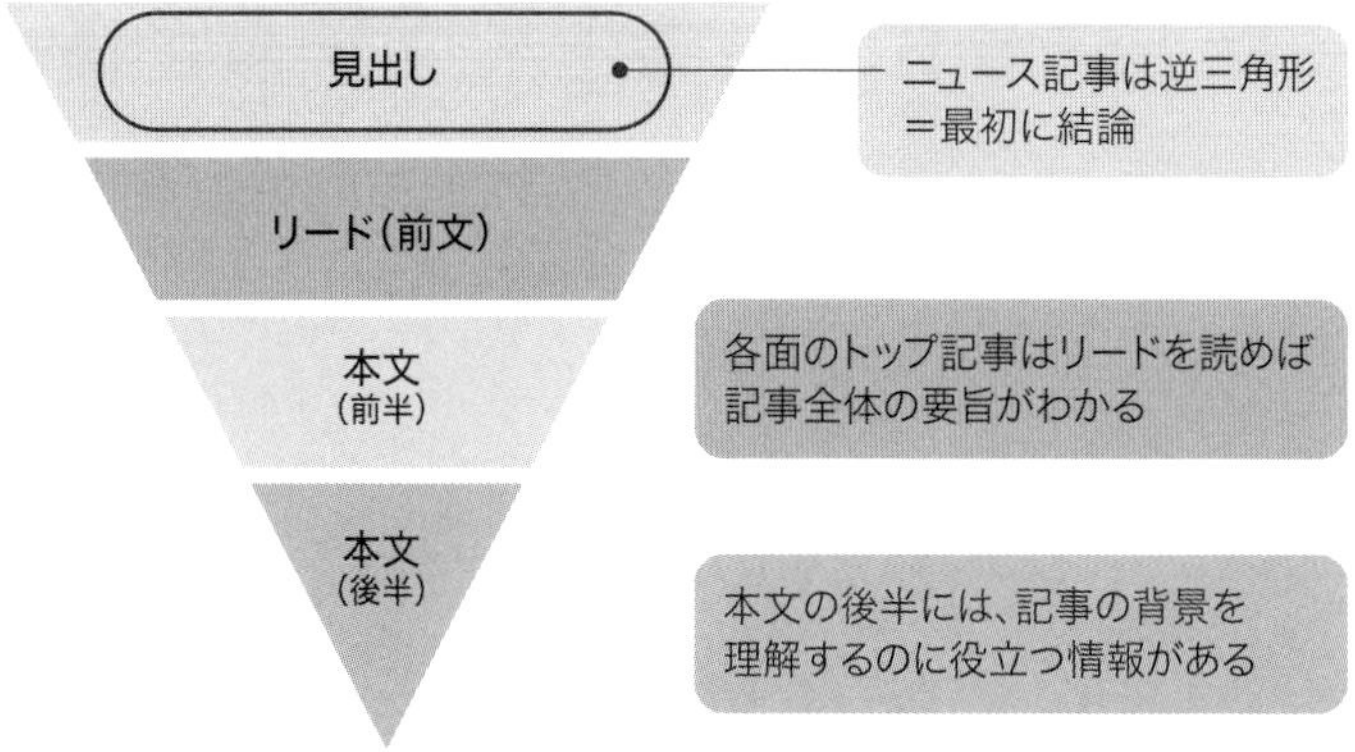

ます。2段落目以降が具体的な事実関係や背景説明、企業ニュースなら同業他社の動向などです。記事の構造としては、「見出し」「前文（リード）」「本文」の3つのパーツからできているとも言えます。さらに理解を助けるためのイラストや表、グラフも入れると4つかもしれません。

記者として取材の成果を報告する際に上司や先輩からよく聞かれたことがあります。それは「見出しは何か？」です。取材してせっかくつかんだおもしろいネタにどんな価値があるのか、社会的な影響度合いは、だれにとって得になる（損になる）のか、要するに紙面に載せる価値があるかどうかを一言で表現せよと言うのです。見出しが思いつかない（端的に説明できない）のは、そもそもニュース価値がないからか、自身が取材した内容をきちんと理解できていない（または取材不足）からなのかいずれかだと判断されてしまうので、若手記者の頃は取材メモを片手に必死で見出しを考えたものです。

話が脱線しました。新聞記事の書き方から学ぶ文章のコツですが、最も重要なのは「大事なことから先に書く」ということです。言い換えると、「結論を最初に書こう」とも言えます。これはリポートやメールを書く際にも有効です。みなさんは学業だけでなく、部活やサークル活動、アルバイトなど毎日忙しくしていることと思います。忙しいのはみなさんが書いたリポートやメールを読む相手も同様です。課題のリポートなどを採点する先生は数十通から百通以上のリポートを読むことになります。最初に結論、つまり何が言いたいかが明示されていれば安心して読めますし、評価もしやすくなります。一方、最後まで結論が出てこないと読むのが大変ですし、「結局、何が言いたいの?」とモヤモヤしてしまい読んだ後の印象が悪くなるかもしれません。

新聞記事の文章の特徴ですが、それは「簡潔な文章」ということです。限られた紙面に必要十分な情報だけに絞って書かれたものが新聞記事です。修飾語で飾ることがないため、小説を読むような味わいはないかもしれませんが、多くの記者は読んでスッと頭に入る文章を目指しています。

小説家で劇作家の井上ひさしさんのモットー「むずかしいことをやさしく、やさしいことをふかく、ふかいことをおもしろく、おもしろいことをまじめに」というのが文章を書く上で1つの目標かもしれません。

ちなみに小説の文体は新聞のそれとは大きく異なります。

「省線三ノ宮駅構内浜側の、化粧タイルはげ落ちコンクリートむき出しの柱に、背中まるめてもたれかかり、床に尻をつき、両脚まっすぐ投げ出して、さんざ陽にやかれ、一月近く体を洗わぬのに、清太の痩せこけた頰の色は、ただ青白く沈んでいて、夜になれば、たかぶる心のおごりか、山賊のごとくかがり火たき声高にののしる男のシルエットをながめ、朝には何事もなかったように学校へ向かうカーキ色に白い風呂敷包みは神戸一中ランドセル背負ったは市立中学、県一親和松蔭山手ともんぺ姿ながら、上はセーラー服のその襟の形を見分け、そしてひっきりなしにかたわら通り過ぎる脚の群れの、気づかねばよしふと異臭に眼を落とした者はあわててとびはね清太をさける、清太には眼と鼻の便所へ這いずる力も、すでになかった」（野坂昭如著「火垂るの墓」より冒頭部分）

右の文章を読んで何か気づいたことはありませんか？　そうです。「」部分に読点がなく、全て1つの文章なのです。本作はジブリ映画にもなった名作だけに、文章もプロの作家ならではの練り込んだ味わい深さがあります。とはいえ、このような文章をみなさんがお手本にするのはＮＧです。作家を目指したいのなら別ですが……。

3．書きたいことは極力1つに絞り込もう

●自分で考えて、判断を下し、自分なりの意見を組み立てていく

読まれる文章を書くためのコツをもう少し具体的にまとめてみましょう。

・「テーマを切り取れ」

↓あれもこれも書きたいと思いつくままに書くと、散漫な文章になる

最初にテーマを決め、頭の中を整理してから書き始めよう。

・「200字、400字で語れるのは1トピック」

↓書き始めるとすぐに規定の文字数に達してしまう。

最も言いたいこと以外は思い切って捨てる。1つに絞り込む。

・「規定より1、2割多めに書こう」

↓削っていく中で文章が引き締まっていく。

・「テーマは順張り・逆張り」

↓誰もが思いつくテーマは平凡になる。意表を突いたテーマは差別化しやすいものの、マニアックになる。どんなテーマで攻めるか考えよう。

ここまで学んできたことを実際にどう生かせたか？　私が教えている別の大学の学生が書いてくれた事例を紹介します。

【実践例】

※駒澤大学でのリポート課題

自分の意見を400字でまとめよう

テーマ「人生100年時代を生きる」

【課題のポイント】　公開データを1つ以上引用しながら、課題に沿って自分の考えをまとめてみましょう。調査データの説明にならないように注意しながら、適切な内容と分量のデータを盛り込むように。テーマを「自分ごと」にひき付けて書くことも大事です。将来の自分や社会の姿をイメージしながら書くといいでしょう。

リポート事例A

私は人生100年時代を生きがいのあるものにしたいと考えている。そのためには、生涯現役でいるということが重要であると考える。なぜなら、働いているときは人の役に立っているという実感を得やすく、自身の生きる意味を見出しやすいからだ。内閣府が発表した令和4年度版高齢社会白書（全体版）によると、65歳以上の人々のうち、生きがいを「感じている」と回答した人の割合は、収入の伴う仕事をしている人が81%、収入の伴う仕事はしていない人が68%であった。データからも、収入の伴う仕事をしている人の方が、収入の伴う仕事をしていない人よりも生きがいを感じやすいことがわかる。人生100年時代において延長された老後の生活には、長く退屈なイメージがある。しかし、お金のかかる子育てが終わっているという利点を生かし、老後は若い頃には実現できなかった夢や仕事に挑戦して、100年間を余すこと無く充実させたいと考える。(グローバルメディアスタディーズ学部　野城妃那)

［寸評］

↓働くシニアと働いていないシニアの対比がわかりやすいですね。

↓「生涯現役」というライフプランが明確に描けています。

リポート事例B

健康でいつまでも挑戦し続けられる、それが理想の人生100年時代の生き方だ。日本人の平均寿命は次第に延びている。それに比例するように健康寿命も延び、2019年時点で男性は72・68歳、女性は75・38歳となっている。次第に延びる健康寿命であるが、変化のない70年間では面白くない。長い人生においては刺激が必要であり、それにはチャレンジ精神が必要だと考える。このように考えたのは私の祖父の姿からである。祖父は切り絵教室に通っており、毎年、切り絵で作った年賀状を送ってくれた。しかしある時、パソコンでの絵画教室に通い始め、デジタル絵の年賀状が届くようになった。毎年どんどんレベルアップする年賀状を見て、年齢に関係なく挑戦し続ける姿に感銘を受け、私も同じようになりたいと考えた。そのため私は、年齢に縛られることなく新しい事に挑み続け、進化のある日々を過ごすことこそが豊かな人生100年時代の生き方であると考えた。（グローバルメディアスタディーズ学部　廣瀬陽菜）

［寸評］

↓身近な事例が生きています。「おじいさんがロールモデル」といった感じですね。

↓平均寿命だけでなく、健康寿命のデータに着目したのがいいですね。

リポート事例C

私は、この人生100年時代に起業したいと考えている。人生のチャレンジ期間が増えたとの捉え方をしているため「起業」という形で大きなチャレンジをしたい。みずほ情報総研株式会社の総合起業活動指数のデータによると日本の数値は5・0％と諸外国にくらべて低迷している。そこで私は起業を前提に日本でキャリアアップを準備し、いずれ拠点を海外に移し、そこでビジネスを学び起業という選択をしたいと考えている。今の日本を見る限り今の日本で雇用され続けていても絶対安定とはいえずメリットを感じず、働き続けたいと思えない。人生残りの年数が延びたことで昔の人なら時間がないと起業をあきらめていたことに時間を使うことができる。また、チャレンジする機会が増えるとともに失敗してもそれをリカバリーする時間も増えることになる。自分の中で起業して働くという選択肢と起業をするという選択肢の両方を狭めない将来設計をしていきたい。（グローバルメディアスタディーズ学部　原田優希乃）

【寸評】
↓チャレンジ精神が素晴らしい！　起業する日本人が少ない課題も明示しています。
↓日本にこだわらず起業するという発想もいいですね。

リポートへの講評
「人生100年時代を生きる」を考える意味
将来を予測するのは難しいですね。これまでみなさんが学校で学んできたことには必ず正解がありました。しかし、上記のような課題には決まった正解は「ありません」。もちろん、授業なので一定の基準で評価（論理的な思考ができているか、データの適切な引用ができているか、アイデアにユニークさがあるかなど）をしていますが、書いた内容が本当に正しいのか、書いた通りになるのかどうかは誰にもわかりません。
正解がわからない（正解が変化する）中で、仮説を立てて、実行し、検証しながらよりよい形に改善していく、というのが社会人に求められる重要な資質となります。「間違っているかもしれないが、自分はこう思う」という明確な主張を持って前に進む人の方が社会で活躍する傾向があるようです。

なぜなら、自分で考えて、判断を下し、自分なりの意見を組み立てていくことがその人の成長を促すからです。新聞や本を読んだり、テレビやネットを見て情報をインプットしたりするのは最低限のことです。ただ、それを鵜呑みにせず、自分なりに消化する能力があるかどうか、そして行動を起こしていけるかが問われると言っても過言ではありません。

4. 自身の経験や身近な話題で読み手の共感を誘おう

●AIには書けないような等身大の経験や見聞を書く

生成AI（人工知能）が人に代わって文章を書いてくれる時代になりました。インターネットのサイトから様々な意見やアイデアを瞬時に探し出してきて、文章にまとめる能力は人間以上と言えるかもしれません。一方、個々人の身近な話題や体験を文章に盛り込むことはAIにはできません。みなさんそれぞれの個性を文章に反映させるため、自身の経験や身近な話題を文章に盛り込むことはAIが普及する時代だからこそより重要になってきます。

「ネットで見た」「本で読んだ」ことを引用する人がいますが、それよりも等身大の話を書く方が書いた内容にリアリティーがでて、より共感を得やすくなります。「学生だから書くほどの経験はない」と思うかもしれません。しかし、リポート事例Bのように身近なおじいさんの事例を書くことで、「いつまでも挑戦し続けたい」という主張がより説得力を持つことがあります。

リポート課題をこなすにはリポート事例Aのようにデータをうまく引用しながら客観的に書いていくのが〝王道〟ですが、ＡＩには書けないような等身大の経験や見聞を書くことは自身が書いたという〝署名〟であると同時に文章に説得力を持たせるために有効な場合があります。

参考資料

- 駒澤大学グローバル・メディア・スタディーズ学部にて「GMSキャリアデザインII」の講義を担当
- 日本経済新聞、日経電子版
- 『伝える力』（池上彰著、PHPビジネス新書）
- 『書く力』（池上彰、竹内政明著　朝日新書）
- 『博報堂スピーチライターが教える短くても伝わる文章のコツ』（ひきたよしあき著、かんき出版）
- 『東大読書』（西岡壱誠著、東洋経済新報社）
- 『火垂るの墓』（野坂昭如著、新潮文庫など）

講義4

情報収集に強くなるコツ

日本経済新聞社 コミュニティマーケティンググループ グループ長
小野晶子

講義のポイント

・先輩たちは事実を確認しながらデジタル情報を活用している。
・信頼できるニュースメディアをみつけて読む習慣を付けよう。
・便利な機能を使えば、情報収集を効率化しつつも興味の幅を広げることもできる。
・ファクト（事実）とオピニオン（意見）を分けて扱える情報リテラシーを磨こう。

1．情報収集のポイントとは

大学生のみなさんにとって、授業の課題やレポートの情報収集は身近なことではないでしょうか。18歳になり選挙権を得て、誰に一票投じようか、その判断材料を探した経験を持つ方もいるかもしれません。就職を視野に入れている方であれば、卒業生を訪問する前に下調べをすることもあるでしょう。

まず、大学の先輩たちがどのようにインターネットで情報収集しながら、探したい情報を選び出しているのか紹介しましょう。実際に授業で学生から寄せられた声を紹介します。みなさんがこれから大学で学ぶ際のヒントになればと思います。

●先輩たちは工夫しながらネットを活用している

- 「時間も手間もかかるけれど、情報の真偽を確かめるようにしている」
- 「自分とは考えの異なる意見を含めて、多角的に広く情報を集めている」
- 「参考にしたい論文を探すときは図書館のデータベースを活用している」
- 「ネットの記事は見出しに注目して知らない情報をむやみに拡散させない」

学生に尋ねると、多角的に情報を確認するために工夫していることには共通点がありました。情報の信頼性を自ら確かめ、できるだけ中立的な視点を大事にしているという声が多かったのです。以下、情報収集のポイントです。

- 「どんな情報でも出所、誰が書いているかを確認するようにしている」
- 「書かれている内容を鵜呑みにせず、できるだけ根拠を確認している」
- 「疑問を感じたら、複数のサイトでチェックし、教員や友人にも確かめる」

●自分だけの情報の「引き出し」をつくろう

いまは政府、企業、シンクタンクなどが分析し、発表した情報やデータをインターネットで集められる時代になりました。関心を持ったテーマごとに、情報を集め、自分だけのデータベースをつくってはいかがでしょうか。

その際、データをたくさん集めることがあるでしょう。そんなときには、データを使う機会を増やして、統計そのものに慣れていきましょう。データが変化している背景には景気、消費者の意識、法制度の見直しなどが影響している場合があります。丁寧に数字の意義を読み取っていくことも重要です。

大学の図書館には膨大な蔵書、新聞・雑誌の閲覧コーナーなど情報源があります。「これはどういうこと?」「今後どうなるの?」と考えたら、関連情報に触れてみてください。短時間でも情報収集をすることで、頭の中に知の幹が育ち、情報の枝葉が広がります。

私たちが担当する立教大学の春学期、秋学期の授業では日本経済新聞社が発行する新聞の記事や電子版を教材に活用しています。大学の先輩たちが働き始めてから世界や日本の動きを知るために活用している代表的なメディアの1つといえるでしょう。この後のページで、みなさんがメディアを活用する事例の1つとして、日経電子版を活用するポイントを紹介します。

日経電子版は様々な端末から利用できる

2. 日経電子版を使いこなそう

日本経済新聞社が提供するデジタルニュースメディア「日経電子版」は、ビジネスパーソンから支持を得て、2024年には有料購読者数が100万人を超えました。会社単位で購読する法人会員も増えており、社会人共通の関心事を見つけて共に考えるためのメディアとして存在感を高めようとしています。

この講義では「情報収集に強くなるコツ」をテーマに、日経電子版の独自機能の企画を担当する立場から、とくに学生のみなさんにおすすめの使い方をご紹介します。

●多くのビジネスパーソンに支持される理由

そもそも日経電子版は、なぜビジネスパーソンから選ばれているのでしょうか。

事件や事故、暮らしの情報を報じる社会やスポーツニュースはもちろん、景気動向などの大きな経済の流れを扱う経済ニュース、政策決定に影響を与える政治情勢についても詳しく報じています。世界中に多くの支局を抱えており、グローバルな情報にも定評があります。無料のニュースメディアでは得られない深みのある情報を、電子版でリアルタイムに得ることができます。

なかでも力を入れているのが、企業の戦略や業績などの情報を扱う「ビジネスニュース」と呼ばれるジャンルです。大手上場企業には1社ずつ担当記者を置き、注目が集まる企業買収やトップ人事のほか、新しい工場や店舗のオープン、海外拠点の閉鎖などの最新ニュースをいち早く報じています。自社の顧客やライバル企業、世の中の動向をつかんで、次のビジネスの種に活かしたい。そんな期待を込めて読んでいる読者が多いと感じています。

もうひとつ、愛読者から支持されていて、私自身も大切だと感じているのが、「中正公平」という報道スタンスです。特定のイデオロギーや立場に寄ることなく、中立で公正な姿勢で偏りのない報道を心がける――。これは戦後まもない1947年に、当時の社長だった小汀利得が社是に定めたものです。

責任ある経営者や最前線で活躍するビジネスパーソンを読者に抱える日本経済新聞社は、ファクトの取材に徹底してこだわりつつ、多様な見方を加えることで読者のみなさんの知識や教養の下支えになることをめざしています。その歴史は1876年に創刊された「中外物価新報」に遡ります。長い時間をかけて培ってきた読者との信頼のうえで続けられているのだと思うと、身の引き締まる思いがします。

●日経電子版の強みを味方に

続いて「日経電子版」と呼んでいるデジタルメディアの特長を、とくに学生のみなさんに役立ててほしい点に絞ってご説明します。

1日1000本以上の記事で話題を網羅

2010年にサービスを開始した日経電子版には、平均して1日約1000本の記事が掲載されています。「朝刊」「夕刊」に掲載する新聞記事よりも先んじて、タイムリーに情報を得ることができます。電子版のみに掲載される読み応えのあるコンテンツも多く、複雑な政治や経済情勢の理解を深めることができるようになっています。

スマホやタブレット、スマートウォッチでも

電子版は、PCで閲覧できるブラウザ版のほか、iOSやAndroidのスマホ端末で使えるアプリ版や紙面ビューアーに加えて、スマートウォッチ版もあります。とくにアプリ版の利用者は年々増えており、移動中などのスキマ時間を使って習慣的にニュースに

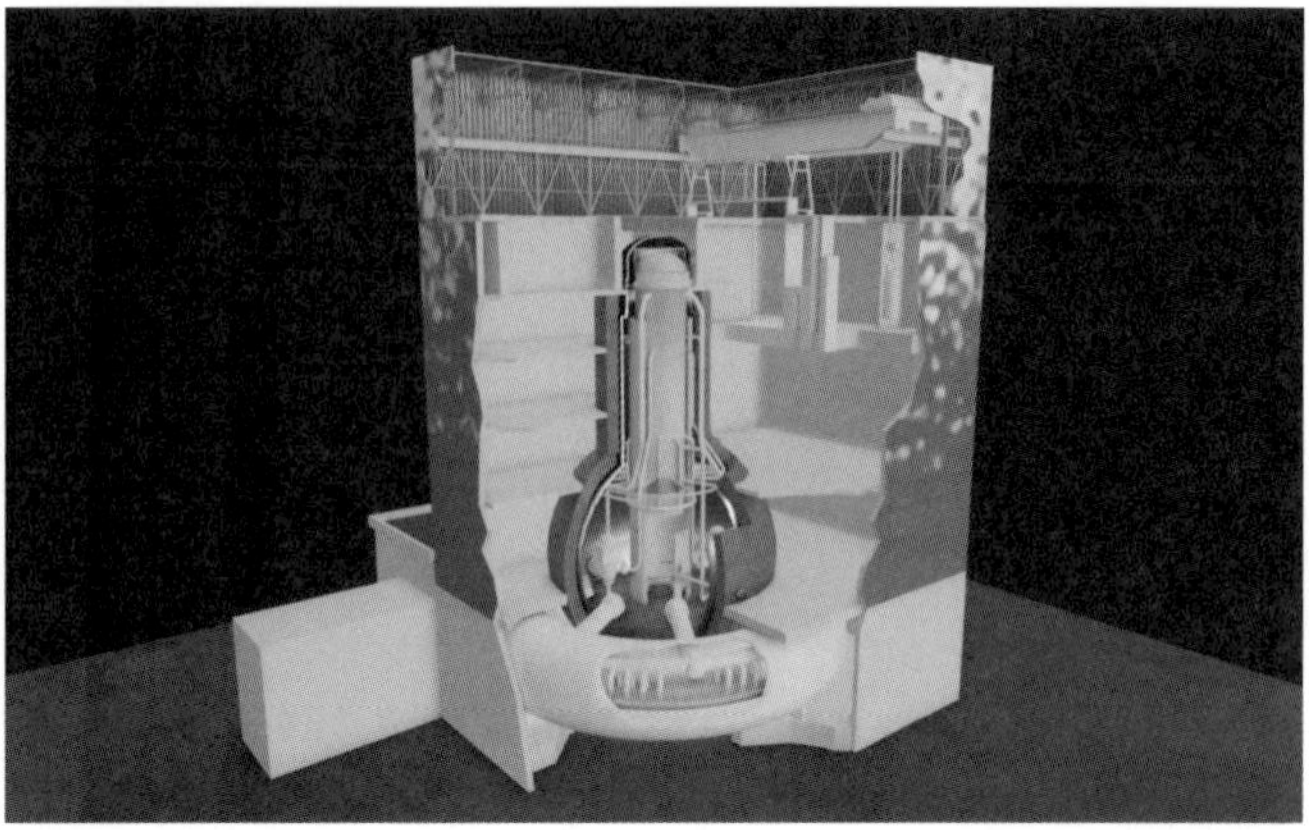

「福島第一原発の処理水、海にどう放出?」の3D解説

触れる機会を提供しています。

ニュースのインパクトがひとめで分かる

紙の新聞にくらべて、電子版はより表現の自由度が高いのも特長です。それを最大限活かしているのが3D表現技術を駆使して視覚的にわかりやすく解説する「ビジュアルデータ」です。

例えば「福島第一原発の処理水、海にどう放出?」の記事では、東日本大震災で被害を受けた東京電力福島第一原子力発電所に貯まった汚染水を、少しずつ海に放出する仕組みを3Dでわかりやすく解説しています。言葉だけでは説明が難しい事象をビジュアライズしたこれらのコンテンツが評価され、2024年には新聞協会賞を受賞しました。

大学生におすすめの機能

機能名	特長
記事検索	複数のキーワードや条件式を使えば、より関連性の高い記事に絞り込める
For You	簡単な質問への回答や閲読履歴にもとづいて、おすすめ記事リストを作成
Myニュース	キーワードや企業名など、事前設定した内容に合う記事を一覧表示
Think!	注目ニュースに関する専門家の解説コメントが読める

●忙しい学生にこそ使ってほしい　便利機能
〜記事検索、For You、Myニュースなど〜

膨大な量の記事やデータに加えて、視覚的に理解を深められるビジュアルコンテンツ。これらのすべてに目を通そうとすればいくら時間があっても足りないと思います。多忙なみなさんの日々の情報収集をサポートできるよう、電子版にはさまざまな機能を用意しています。

ここではとくに、学生のみなさんにおすすめしたい機能をピックアップしてご紹介します。

記事検索

電子版のトップ画面にある小さな「検索窓」に調べたいキーワードを入力すると、電子版および朝刊・夕刊の記事の中から該当する記事を検索することができます。複数ワードをスペースで区切って入力すれば、それらすべての単語が含まれる記事を抽出できます。また、条件式を使ってより複雑な検索をすることも可能です。

検索するキーワードの例
・日本　経済　新聞社　……すべての単語を含む
・日本　OR　経済　OR　新聞社　……いずれかの単語を含む
・(日本　OR　経済) AND　新聞社　……日本 か 経済 のいずれかを含む記事の中で新聞社 を含む

For You

自分の興味や関心に合う記事が見たいけれど、具体的な検索キーワードが思い浮かばない方に使ってほしいのが「For You」機能です。電子版を使う目的など、3つの質問に答えるだけで、おすすめの記事リストを用意します。「いまみんなが注目しているニュース」のおさらいや特定業界に関係するニュースなど、自分にピッタリの記事を手軽にまとめ読みできます。また、「読んだ記事をもとにおすすめ」枠では、あなたが読んでいる記事の履歴から関心のある記事の傾向を把握し、それにもとづいた記事を紹介しています。

Myニュース

注目しているキーワード、どんなニュースも逃さずに把握したい企業名、お気にいりの連載・コラム名など、読みたいものがはっきりしている方には「Myニュース」が便利です。あなたがフォローした内容に合わせて、電子版上の記事を収集して一覧表示します。

Myニュースの設定はPCでもスマホからでも可能で、利用している機器を問わず反映されます。時間に余裕があるときにセットしておけば、忙しい日のニュースチェックを効率化できます。また、収集した記事リストがメールで届く「Myニュースメール」機能もご利用ください。

Think!

「Think!」は、注目度の高いニュース記事に専門家がコメントした解説が読める機能です。ニュースの理解につながる背景知識や、専門家が考える未来の展望、分析や考察を把握でき、みなさんの理解をサポートします。例えば、あるトピックについて、経済学者や国際政治学者、金融アナリストや企業経営者など、それぞれの視点や立場からどう受け止め、読み解いたかが書かれています。

3. 情報交換の歴史について学んだ旅

●私の仕事の変遷

ここからは、なぜ私が現在の仕事に至ったのかを紹介します。

みなさんのように大学生だったのは、今から四半世紀も前のことです。2019年に中途入社で日本経済新聞社の社員として仲間入りするまでに、5回の転職を経験しています。

社会人になったのが「就職氷河期」と呼ばれた時期で、アルバイトをしていたベンチャー企業にそのまま就職することにしました。現在はプロ野球チームを保有するまでに成長したディー・エヌ・エーも、当時は社員数50人にも満たず、オークションとショッピングのインターネットサービスを運営していました。

ディー・エヌ・エーで全国の中小企業向けにネットショップ立ち上げのサポートをしたのち、ヤフーで多岐にわたるサービスやコンテンツと利用者をつなぐポータルサイトの運営に携わりました。さらにオンライン人材マッチングサービスを手がけるクラウドワークスなどで、新サービスの企画や機能改善に従事してきました。

扱っている商材やターゲットとなる利用者はそれぞれ異なりますが、そのオンラインサービスが存在しなければ得られなかった新しい発見、未知の人やモノとの出会いを提供することが、私の一貫した関心事です。

娘との旅行の思い出

●ロンドンで出会った「コーヒーハウス」

現在の仕事の前に勤めていたのが、オンライン経済メディア「NewsPicks」を運営する会社です。そこでは記事にコメントするユーザーのコミュニティ運営を担当していました。

手がけていたプロジェクトが一区切りした2019年の春、当時8歳だった娘を連れて世界一周旅行に行こうと、会社を辞めて日本を旅立ちました。ソウル、上海、バンコク、カトマンズ……2カ月かけて17の都市を巡りながら各地の家庭料理を習い、私たちのレシピ集を作るのがテーマの旅でした。

英国の首都ロンドンを訪れたときのことです。観光がてら散歩した金融街には古い煉瓦づくりの建物が立ち並び、街角のあちらこちらに小さく「COFFEE HOUSE」と書かれた青いプレートが埋め込まれていることに気づきました。

いったいこの「COFFEE HOUSE」とは何だろうか。1日必ず1杯はコーヒーを飲むカフェイン好きなこともあり、興味を惹かれて調べてみたのです。

17世紀から18世紀にかけてのロンドンでは、コーヒーハウスと呼ばれる喫茶店が、男性たちの情報交換の場として人気だったそうです。一時はロンドン中に3000以上の店があったといいますから、東京都内でコンビニを見かけるような感覚に近いのかもしれません。

コーヒーハウスに集まる人々の目当てはコーヒーだけではありませんでした。共通の関心事を持つ者同士が集まって、政治や経済の最新情報を交換したり、新聞や雑誌など刊行物を皆で回し読みしたり、リアルなSNSのような役割を果たしていたようです。

なかには強い影響力を持つ店も誕生しました。17世紀の終わりに開店した「ロイズ（Lloyd's）」は、商人や荷主が集まり、悪天候や海賊の出没といった航海中のリスクについて情報交換する場として栄えます。このコミュニティが正式に組織化され、「ロイズ・オブ・ロンドン」と呼ばれる世界最大級の保険市場に発展したといわれています。

「ロイズ」店内を描いたとされる絵の中に、コーヒー片手に新聞を読む男性陣が描かれて

私の中の「ロイズ」のイメージ

いるのを見たとき、「新聞は当初、一人で読むものというより、意見交換に参加するためのツールだったのか」と気づいてハッとしました。

もっと知りたい、深く理解したい。興味関心を共有する人と意見を交わしたい。この気持ちは、人間にとって極めて根源的な欲求なのではないか。紙の新聞を発行してきた新聞社の歴史から、信頼に足る情報発信のあり方について学べば、デジタル時代にあった形で「知りたい」「理解したい」気持ちに応えていけるのではないか。

そんな思いが私の中で生まれ、その実現のために転職を決めて、電子版のサービス企画や機能改善に携わる道を選びました。

4. ファクトとオピニオンを分けて考える

●異なる視点でニュースが読めるＴｈｉｎｋ！

日経の記事とセットで、専門家の意見をタイムリーに届ける機能として、私が入社後に携わったのが「Ｔｈｉｎｋ！」というプロジェクトです。

Ｔｈｉｎｋ！は、電子版の記事の中でも特に注目度の高いニュースに、日経が参加を依頼した１５０人強の専門家がひとこと解説する機能です。１つの投稿は最大３００文字程度なので、サクサク読めると思います。

例として、２０２４年の衆院選の選挙結果に関する記事には、12人の専門家から解説が寄せられました。与党が議席を失った理由を分析する専門家もいれば、日本の選挙制度について海外との比較を述べている専門家、株価や為替への影響を予想する専門家……さまざまな立場から意見を寄せてもらっています。

客観的な事実はひとつだったとしても、視点が異なれば読み解き方も変わってくる。その面白さをお届けしたいと思って運営しています。疑似的なコーヒーハウスとも呼べるのではないでしょうか。

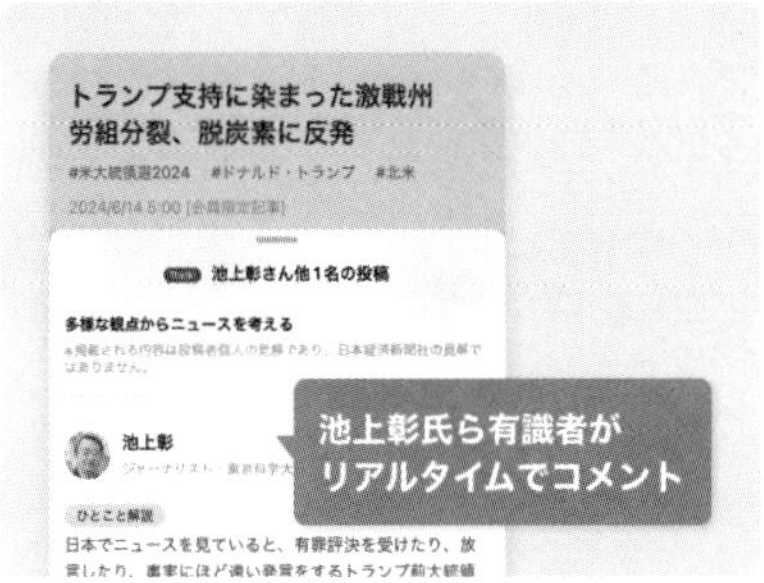

専門家の解説コメント機能「Think!」

●ファクトとオピニオンを見分ける

信頼に足る情報発信について考えたとき、日経に入社して最初に私の心をとらえたのが、冒頭でも紹介した社是「中正公平」です。なるべく公平に情報を伝えるとはどういうことか。それを社内で記者として働く同僚に尋ねてみたとき、「ファクトとオピニオンを分けて書くことじゃないかな?」という意見がありました。

ファクトとオピニオン。よく聞く言葉ですがみなさんはどう捉えていますか。

客観的・普遍的な事実や、実際にあった出来事を「ファクト」、主観的な考えや自分自身の意見を「オピニオン」と分類します。電子版にある記事は、このふたつが読み分けやすいように書かれているように感じます。

記事を読むときに、「この文はファクトについて書かれたものかな?」「こっちはオピニオンかな?」と意識してみてください。

例えば、根拠を数字で定量的に示している文。過去にさかのぼって調べたことを時系列で整理した表。こうしたコンテンツから「ファクトにもとづいている」印象を受けるかもしれません。

また、専門家の意見を取り上げた電子版の記事には、「〜と分析する」「〜と話す」という形で書かれていることがあるかと思います。誰かのオピニオンを紹介する段落も、Aという主張、それに反対するBという主張が、セットで書かれていることがあります。多様な見解がある場合には、ひとつのオピニオンだけでなく、複数取り上げることによって、読み手に「さまざまな意見がある」ことを示すことができます。

主観的な感想だけでなく、異なる意見、客観性のある統計データといった根拠をセットで伝えることは、報道の記事だけでなく、ビジネスの現場でも活きるスキルです。納得感のある意見として受け止めてもらうための工夫が、電子版の記事にも凝らされていますので、ぜひそこを意識して読んでみてください。

インターネットを通じて不特定多数にコンテンツや自分の意見を表現できる今日は、誰もがメディアになれる時代です。みなさんが情報を発信する側になるとき、こうしたデジタル情報を活用する体験の積み重ねを、きっと活かせるでしょう。

参考資料

・『クラブとサロン――なぜ人びとは集うのか』（小林章夫ほか著、NTT出版）
・『コーヒー・ハウス――18世紀ロンドン、都市の生活史』（小林章夫著、講談社学術文庫）
・『ネット情報におぼれない学び方』（梅澤貴典著、岩波ジュニア新書）
・『調べ物に役立つ図書館のデータベース』（小曽川真貴著、勉誠出版）
・『「ネット世論」の社会学』（谷原つかさ著、NHK出版新書）

講義5

資産づくりのコツ、節約から始めよう

日本経済新聞社 編集委員 小栗太

講義のポイント

・お金の知識を学ぶことは、充実した人生を過ごすために必要不可欠です。
・資産形成の「はじめの一歩」は、家計簿を付ける習慣を身につけること。
・「資産形成＝家計管理＋資産運用」の公式を真っ先に頭に入れておこう。
・世の中は貨幣経済。お金の知識を得れば、社会人になっても役立ちます。

1．なぜ高校の授業で金融教育が必要になったのか？

突然ですが、みなさん、お小遣い帳を付けたことってありますか。昨日と今日の財布の中身を見比べて、何にいくら使ったかを確認する。それを毎日書き留めていく作業は、簡単ですが、意外と面倒なものです。長続きしなかった人も少なくないのではないでしょうか。かくいう私もそんな一人でした。

だけど、お小遣い帳はお金と賢く付き合うための「はじめの一歩」。お小遣い帳はいつしか「家計簿」と名を変え、私たち一人一人の充実した人生を支えてくれる大切な友だちになります。ここでは、そんな話をしたいと思います。

●金融教育の役割とは

みなさんは「お金について学ぶ」と聞くと、どんなイメージを思い浮かべますか。株式や外貨資産などへの投資の知識でしょうか。2022年度から、高校の家庭科の授業で金融教育が必修化されました。そこで目指しているのは、将来の暮らしを安定させる資産形成の基本的な知識を身につけることです。

資産形成の説明については後述しますが、そもそもなぜ、学校の授業で金融教育を実施する必要に迫られたのでしょうか。背景にあるのは、現代の日本経済が抱える2つの深刻な問題、「成熟化」と「少子化」です。

まず、経済の成熟化から考えてみましょう。日本人は1950~70年代の高度経済成長や80年代後半のバブル経済を経て、世界でも有数の豊かな暮らしを手に入れました。だけど経済が成熟していくにつれ、自分たちも日本のように豊かになりたいと考えるアジアの新興国からの追い上げを受け、次第に成長力に陰りが見えるようになってきました。

しかも日本では、経済発展の屋台骨を支えてきた働く人の数（生産年齢人口）が明確に少なくなっています。少子化の加速に伴い、生産年齢人口は90年代半ばから急速に減り始め、現在は高齢化率の上昇で公的年金の支給年齢引き上げや給付水準の抑制が避けられない人口構成へと変わりつつあります。

「成熟化」と「少子化」。この2つが同時進行したことによって、私たちは国や自治体に老後の暮らしを支えてもらうだけでなく、自分たちでも将来の資産形成に取り組む必要に迫られるようになっています。高校の授業への金融教育の導入は、いわば必然の成り行きとも言えるわけです。

●将来の安定した暮らしに不可欠な知識

だけど日本には、古くから「お金の話を外でするのは卑しい」といった価値観が根づいています。理由の1つは、「成金《なりきん》」という言葉に象徴されるような「金もうけが第一」という拝金主義に対する批判的な文化です。急にお金持ちになった人は、その価値も分からないのに高級な品物を買い漁り、豪華な料理を食べに行くといった悪いイメージがつきまとい、日本古来の美徳とされてきた「質素倹約」の対義的な立場として嫌われてきました。

もう1つの理由は、日本が急速な経済成長の過程で、自動車や電化製品などの分野で欧米の企業よりも安くて優れた製品を次々と生み出し、それを輸出することで、一時は世界第2位の経済大国の座に就いたという誇りです。「ものづくり大国」としての自負の陰で、お金を動かすことで利益を稼ぐビジネスモデルには批判的な見方が絶えませんでした。たとえば証券会社は、額に汗して働かないという侮蔑的な意味合いで「株屋」と揶揄《やゆ》された時代もあります。

だけど現在の世界経済は、金融ビジネスを中心に動く市場主義が主流です。しかも日本企業が自動車や電化製品の輸出で潤った時代はとうに過ぎ去り、人工知能（ＡＩ）などの情報技術（ＩＴ）ビジネスで欧米の後塵《こうじん》を拝した日本は、輸出よりも輸入の方が多い貿易赤字国に転じてしまいました。こうした時代の変遷を鑑みると、資産形成のためにお金の知識を身につけることが、将来の安定した暮らしに必要不可欠な時代になったことが分かります。

2．大学生に必要な資産形成とは？

●資産形成＝家計管理＋資産運用

そもそも資産形成とは何でしょうか。世の中では資産運用や投資の同義語として使われることも多いようですが、それは誤解です。資産形成は２本の柱で成り立っているからです。１本は支出を減らすための家計管理。そして、もう１本が収入を増やすための資産運用

資産形成の２本柱

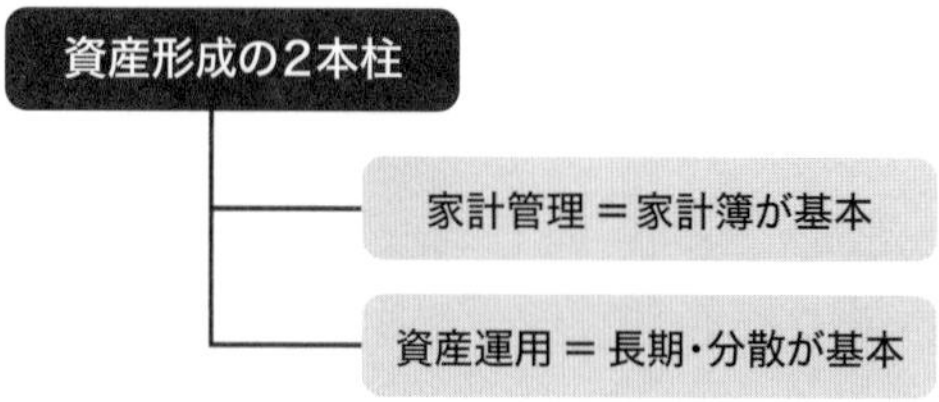
資産形成の２本柱
家計管理 ＝ 家計簿が基本
資産運用 ＝ 長期・分散が基本

です。つまり「資産形成＝家計管理＋資産運用」という公式が成り立ちます。

具体的に考えてみましょう。資産形成というと、真っ先に株式や外貨資産への投資が思い浮かぶかもしれませんが、資産形成を身につける順番としては、資産運用よりも先に、家計管理から始めることをお勧めします。まだあまり多くの資産を持っていない若い世代でも、すぐに始められるからです。

では、家計管理の基本は何でしょうか。それは冒頭に指摘したとおり、お小遣い帳、あるいは家計簿を付ける習慣を身につけることです。だけど……。なんとなく言いたいことは分かります。家計簿は日記と並んで長続きしない面倒な作業の代表格。これから毎日、毎月、毎年、家計簿を書き続けることのつらさを考えると、なかなか始められない人も多いと思います。いったん始めても、途中でやめてしまった経験がある人も少なくないのではないでしょうか。だけど家計簿が持つ資産形成の大きな効果について理解すれば、そんな意識も吹き飛ぶはずです。

資産運用と家計管理、あるいは投資と節約。どちらに興味がありますか、と聞かれたら、多くの人は資産運用や投資を選ぶのではないでしょうか。おそらく理由は、家計管理や節約よりもお金が増えるイメージが強いからです。たとえば購入した株式の価格（株価）が2倍に上昇すれば、自分の資産も単純計算で2倍に増えます。一生懸命働かなくても財布の中身が膨らむとなれば、きっと得した気分になり、テンションも一気に上がるはずです。

これに対し、家計管理や節約のイメージはどうでしょうか。ずっと欲しかった洋服をぐっと我慢してお金を節約してみても、気分は盛り上がらず、ストレスがたまってしまうばかりではないでしょうか。

●大学生の資産づくりは家計管理や節約から

でも、ちょっと待ってください。株価は上がることもあれば、同様に下がることもあります。つまり、確実にお金が増えることを見込めるわけではありません。社会人になって働き始め、お金をしっかり稼ぐようになれば、蓄えた資産の一部を投資に回すことが有効な資産形成手段になります。だけど、大学生にとって最優先の資産づくりは、やはり家計管理や節約だと思います。

実は、資産運用でも家計管理でも、資産形成の効果はさほど変わりません。こんな例え話があります。財布に1万円札が入っています。これを株式に投資して1割増やしてから

1万円分の買い物をすれば、財布に1000円残ります。一方、賢く買い物をすることで9000円に抑えることができれば、やはり財布には1000円残るわけです。しかも投資と違って節約は、お金が減ってしまうリスクもありません。前者が資産運用による資産形成、後者は家計管理による資産形成になります。

どうですか。家計管理のメリットが少し見えてきたのではないでしょうか。資産運用でも家計管理でも、同等の資産形成効果を期待できる。だとすれば、社会人として本格的にお金を稼ぐ前の段階にいる大学生が真っ先に身につけるべきは家計管理だというわけです。

大手証券会社で3万人以上の富裕層の顧客と接してきた経済コラムニストの大江英樹さんは、著書『となりの億《おく》り人《びと》』に、こんなエピソードを載せています。会社での経験を振り返ってみると、1億円以上の資産を築いた人には共通点があり、「株やFX（外国為替証拠金）で大もうけした人は、ほとんど見たことがない」「堅実で、とても地味な暮らしをしている人たちが多い」と記しています。

3．家計簿のトリセツ（取扱説明書）

●安定した暮らしを実現させるための拠り所が家計簿

ここからは家計簿がなぜ必要なのか、そして賢い使い方はあるかについて考えていきましょう。みなさんは将来、どんな仕事に就きたいと思っていますか。会社員でしょうか、公務員でしょうか、それとも研究者でしょうか。実は、社会人になると、どんな仕事にも「家計簿」が付いて回ります。

「いったい何を言っているのか」と首をかしげる人が多いかもしれません。実は社会人になると、どんな会社にも必ず財務や経理といった仕事があることに気づきます。それは大企業でも、中小企業でも、個人商店でも同じです。どんな仕事でしょうか。そこでは会社の発展や成長を見据え、会社のお金の出入りを正確に管理しています。たとえばお金を稼ぐために、工場や店舗を増やしたり、従業員を雇ったりするのに、必ずお金が必要になります。そのために会社は損益計算書（ＰＬ）と貸借対照表（ＢＳ）という2つの数表を作成します。

もう分かりましたか。会社のＰＬとＢＳに当たるのが、家庭の家計簿というわけです。公務員だって同じです。政府や自治体は、税金や社会保険料を元手に、公共サービスを手がけるため、予算書や決算書を正確に作成し、国会や地方議会から承認を得る必要があります。もちろん学術研究者だって、研究予算と研究費用をきちんと明記することが求められます。収入と支出の管理は、あらゆる経済活動の基本になっているわけです。

そうは言っても、家計簿を付けるのは面倒な作業です。だけど会社では、安定した業績を上げるため、あるいは倒産に追い込まれないために、きちんと1円単位でお金を管理しています。家庭を会社に例えれば、少しでも安定した暮らしを実現させるため、あるいは自己破産に追い込まれないためには、家計簿が拠り所になるわけです。会社で財務や経理の仕事をきちんとこなせる人が、家庭で家計簿を付けられないはずがありません。

安定した生活を送るためには、結婚や子育て、住宅購入、介護など、人生の大きなイベントや節目に必要になるお金をあらかじめ用意しておかなければなりません。そして家計にはどれくらいの余裕があり、いくら節約しなければいけないかを正確に把握しておく必要があります。だけど長い人生では、どんなことが起こるかも分からないのに、どうやって準備すればいいのでしょうか。そんな疑問を感じた人に「家計簿が秘める底力」を紹介したいと思います。

●「老後2000万円問題」を家計簿から考える

現代の経済学では「データエコノミー」という学問領域が大きな注目を集めています。「人間の行動や企業の活動が生み出すデータを競争力の向上に生かす新たな経済理論」などと定義されていますが、もう少し分かりやすく言えば、データを集めて分析することで、世の中にどんな需要や課題があり、最適な解決方法は何かを探り出す学問ということです。みなさんもＡＩやビッグデータといった言葉を1度は聞いたことがあるのではないでしょうか。

実は、家計簿を長く付けることで、安定した暮らしに必要なデータを導き出すことができるようになります。これが「家計簿が秘める底力」です。まだピンと来ないかもしれませんので、家計簿からどんなデータを得られるのか、具体的に確認してみたいと思います。

みなさんは「老後2000万円問題」という言葉を聞いたことがありますか。これは金融庁の審議会がまとめた報告書の中に、引退した高齢夫婦が平均的な生活を送るのに公的年金だけでは月平均5万5000円足りず、30年の老後生活では不足額が2000万円に上るという試算が載ったことで、「そんな大金を用意できるはずがない」と世の中が大騒ぎになった話です。

こうした問題が起こった背景には、多くの高齢者がお金の管理をきちんとできていなかったことがあります。老後にどれくらいの資産が必要なのかを正確に把握していれば、報告書の数字に動揺することもないからです。家計簿を使えば、こうした将来への不安を少なからず和らげることができます。

家計簿を長く付け続けることで、私たちは蓄積したデータから3つの「見える化」を実現できます。1つめは「資産形成額」です。毎月の家計簿から収入と支出が分かれば、月間でいくら資産を蓄えられるかが分かります。これを毎月続ければ、年間の資産額が見えてきます。たとえば25～65歳まで40年間働く場合、年間の資産額の40倍が現役時代の資産形成額になります。この数字は家計簿を付ける期間が長くなればなるほど、より精緻《せいち》なデータ

家計簿から導き出す「3つの見える化」

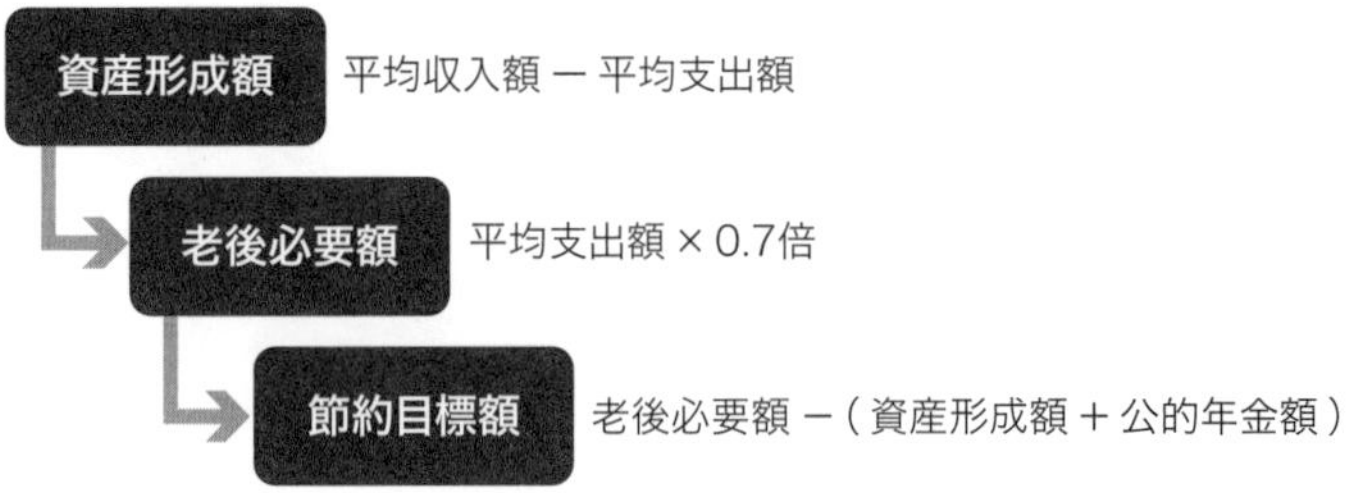

になります。あくまで試算ですが、月間の平均収入額が50万円、平均支出額が45万円だったとすると、月５万円ずつ蓄えられるため、年間で60万円、仕事を引退するまでの40年間で２４００万円蓄えられる計算になります。

２つめは「老後必要額」です。家計簿を付け続けると、月間の平均支出額を把握できるようになります。いくつかの調査から、一般に老後の支出額は現役時代の7割程度にとどまるという試算が出ています。たとえば月間の平均支出額が45万円だったとすると、老後の支出額は０・７倍の月31万５０００円。女性の平均寿命（厚生労働省、２０２３年時点）は約87歳なので、65歳で仕事を引退すれば、22年間の老後生活で８３００万円必要になることが分かります。

そして、３つめは「節約目標額」です。厚生労働省が実施した２０２４年の公的年金の財政検証によると、65歳の人の公的年金額は平均で約22万円。老後の22年間では５８００万円になります。そこに先ほどの資産形成額２４００万円を加えると、現役引退までに８２００万円用意できる計算になります。これを先ほどの老後必要額8300万円と比べると、このケースでは100万円足りません。つまり100万円が今後の節約目標額になるわけです。

このように家計簿を長く付け続けると、自分の暮らしのデータを正確に積み上げることができます。家計管理は手間がかかりますが、資産運用のようにお金が減ってしまうリスクはありません。まずは家計管理術をきちんと身につけて自分がリスクを無理なく取れる金額を知ったうえで、その範囲内で資産運用に取り組むことが資産形成の王道になります。

4. 世の中は貨幣経済と市場経済に基づいて動いている

●資産運用は「長期・分散」の2本柱

さて、家計管理の習慣が身についたら、次に取り組むのは資産運用です。最初に、資産運用は家計管理と違い、必ずしも思い通りにならないことを覚えておいてください。株式で運用すれば株式相場、外貨資産の場合は外国為替相場の影響を受けますが、相場の値動きを完全に予想することは不可能だからです。企業業績や世界経済について自分なりに学習したうえで、資産運用先を選ぶことが重要です。

ただ株式や為替の市場では、経済情勢だけでなく、政治や社会問題、異常気象まで、世の

資産づくりのコツ

- ✔ 金融教育は避けて通れない
- ✔ 資産形成 = 家計管理 + 資産運用
- ✔ 家計簿は企業の財務諸表
- ✔ 資産運用は長期・分散が基本
- ✔ お金の流れで世の中を知る

中のあらゆる事象を材料にして相場が揺れ動きます。たとえば中東地域で紛争が起これば、原油の供給に支障が出てエネルギー関連企業の事業に大きな影響が及びます。欧州やオーストラリアの広大な穀倉地帯で天候不順が続けば、穀物価格の上昇を招き、食品メーカーや飲食業の経営に影響が及びかねません。現代では高性能コンピューターによる相場予測技術が飛躍的に進歩していますが、世界で刻々と起こっている政変や紛争、異常気象といった不測の事態を完全に読み切ることはできません。

資産運用で効率的に成果を上げるには、景気が良くなるときに投資を増やし、景気が悪くなるときに投資を減らすことが理想ですが、景気の転換点を予測するのは最先端のコンピューターを使っても難しいと言われています。10年に1度くらいの割合で起こる経済・金融危機だけでなく、軍事衝突や異常気象を事前に察知することはほとんど不可能です。だから資産運用の基本は、相場の急変動で大切な資産を一瞬にして失うリスクを避けるため、投資先を分散させ、長期にわたって資産を積み立てていく「長期・分散」です。

たとえば株式と債券、先進国と新興国など、値動きが連動しづらい投資先に資産を振り分け、長期にわたって資産を積み立てていく方法が一般的です。もっとも資産運用では「長期・分散」を心がけるといっても、どんな金融商品を選べば正しいのかという課題は残ります。多くの資産を管理するのが難しいという人は、複数の資産を束ねた金融商品である投資信託を活用することでリスクを分散させる方法もあります。

●お金のミライを考えてみよう

お金について考えることは、将来の安定した暮らしの礎になるだけでなく、世の中を理解することにも役立ちます。なぜ世界的なインフレが起こったか、中東地域で紛争が絶えないのはなぜか、そして米国と中国の経済摩擦の本質は何か——。こうした世界のあらゆる事象は、お金の流れを通じて株式や為替の相場に映し出されます。資産形成だけでなく、世界の将来像を考えるうえでもお金の知識は大いに役立つはずです。

私は大学生時代、文学部で社会福祉や古典を専攻し、経済とはおよそ無縁の学生生活を送りました。経済学に関する講義を受けたこともありません。そんな私が就職後30年余りにわたってマネーやマーケットの取材を続けるなんて思いもしませんでしたが、ずっとお金の動きと向き合うなかで、世界のあらゆる事象がお金と密接に結びついていることを実感するようになりました。世の中は貨幣経済と市場経済に基づいて動いているからです。

人と人、そして国と国。世の中ではすべてお金を媒介として、モノやサービスをやり取りします。これが貨幣経済です。そして日本のマグロと米国の牛肉を交換するとき、何匹のマグロと何キロの牛肉が釣り合うのか。その価値や需給に基づいてモノやサービスをやり取りするのが市場経済です。その際の円とドルの交換割合が円の対ドル相場になります。

ときに為替相場は国同士の対立も引き起こします。日本は１９８０年代にかけて自動車や電化製品を米国に輸出して経済成長を遂げましたが、背景にあったのは大幅な円安・ドル高でした。日本製品の価格をドルに換算すると、米国の製品よりも大幅に安くなり、売れ行きがどんどん伸びました。一方で、米国の自動車や電機のメーカーは経営が苦しくなります。そこで米国は主要国の代表を集め、ドル高を是正するように求めました。それが社会の教科書にも出てくる85年の「プラザ合意」です。その後は急激な円高・ドル安が進み、90年代にかけて日本の輸出は一気に厳しさを増します。国家間のお金のやり取りを映し出す為替相場が国同士の争いの火種にもなり得るわけです。

こんな動きもありました。為替相場が世界の争いの火種になるというのであれば、やめてしまったらどうか――。みなさんは「リブラ」という言葉を聞いたことがありますか。世界的なＳＮＳ（交流サイト）であるFacebookを運営する米国の巨大ＩＴ企業メタが計画を主導した世界共通通貨の名称です。メタのように世界規模で事業を展開するグローバル企業からみれば、モノやサービスの価値ではなく、為替相場の変動で国ごとの価格が変わるのは極めて不本意。そこで世界共通通貨を立ち上げようと試みたわけです。結局、国家の主権が揺らぎかねないとして、計画は行き詰まりましたが、みなさんが生きるミライの社会では、世界共通通貨が流通するようになっているかもしれません。

このようにお金は、身近な暮らしから世界の覇権争いまで、あらゆる出来事に密接にかかわります。「お金の話は難しいから、ちょっと苦手」と避けるのではなく、大学ではお金について真正面から学んでほしいと思います。

参考資料

・『となりの億り人』（大江英樹著、朝日新書）
・『リブラの正体』（リブラ研究会著、日本経済新聞出版）
・『円相場の終わり』（小栗太著、日経プレミアシリーズ）

人生と仕事と学びをつなぐ15の講義

18歳からのキャリアデザイン

第2章

自分の進路を考えるために

講義6

世界はニュースに満ちている

日本経済新聞社 編集委員 池内新太郎

講義のポイント

・各地での戦争、米中の対立、地球温暖化などで世界の秩序が揺らいでいる。
・世界の動きは対岸の火事ではなく、私たちの仕事や暮らしにかかわってくる。
・内外のニュースに関心を持ち、その背景や影響を考えてみよう。
・インターネットやSNSの情報には、不確かなものも多いことに注意しよう。

1. 揺らぐ世界の秩序

●グローバル化の波のなかで

新聞記者の仕事は現場で取材し、記事を書き、読者にニュースを伝えることです。これまでの記者人生でさまざまな場面に遭遇してきましたが、国や地域の垣根を越えて、影響が世界的に広がるような出来事がますます増えてきていると実感します。交通手段の発達に加え、インターネットやスマートフォンなど情報技術の進化によって、人もモノもおカネも国境にしばられずに、軽々と移動する時代になりました。グローバル化といわれる現象です。みなさんのなかにも、ネット通販で海外の商品を購入した経験のある人がいるでしょう。企業は自分の国を飛び出し、製品がたくさん売れる国や、人件費の安い国に工場や拠点をつくるようになりました。こうしたグローバル化によって、私たちは人生を豊かにする選択肢が増えましたし、企業も成長のチャンスが広がったのです。

とはいえ、いいことばかりではありません。ときにはやっかいな事態に発展することもあります。

新型コロナウイルス感染症の拡大は、みなさんの記憶にも新しいと思います。中国で最初に確認されたこの病気はあっという間に世界中に広がり、たくさんの人が感染して亡くなったり、日常生活に大きな混乱を引き起こしたりしました。日本でも人と人との接触が制限され、飲食店などは休業、学校も休校になりましたね。

人の動きだけでなく、モノの流れも滞りました。一時期、ドラッグストアなどの店頭からマスクが消えたことを覚えていますか。日本は中国からマスクをたくさん輸入していましたが、各国でマスクの必要性が高まり、輸入が難しくなりました。マスクだけではありません。世界の多くの港で荷揚げなどにあたる作業員が出勤できなくなったことで、コンテナを積んだ船が海上で待機せざるをえなくなり、輸出入の動きが大きく制約されました。まさにグローバル化の逆回転のような事態が起きたのです。

　企業にとってはこうした感染症はもちろん、戦争やテロ、自然災害なども経済活動に大きな影響を及ぼすリスク要因になります。アジアやアフリカなどには政情が不安定な国が少なくありません。内戦で工場の操業を停止しなければならなくなったり、地震や洪水で部品の供給が止まったりすることもあり得ます。多くの企業は起きるかもしれない危険を想定して事前に対策を考えているわけですが、それにも限界があります。

　だからといって、国内に閉じこもるわけにはいきません。日本は戦後、資源は輸入に頼りながら魅力ある製品を開発して輸出する通商国家として発展してきました。いまでは各国に企業の拠点ができ、サプライチェーンと呼ばれる部品や製品の供給網が築かれています。すでに人口が減り始めるなかにあって、これまで以上に他の国との関係を深めて、ともに成長していくことが引き続き最善のシナリオといえるでしょう。

　そのためには安全に貿易ができる、平和で自由な世界であることが不可欠です。残念ながら、最近の情勢はそれに逆行する動きが目立ちます。ロシアのウクライナ侵略や中東での戦火の拡大、米国と中国の対立など各地で緊張が高まり、国際秩序が揺らいでいます。もっと大きな視点でみれば、地球温暖化はあらゆる生き物に影響を及ぼす大問題です。新聞を開けば、これらのニュースが載っていない日はありません。それだけ多くの人の生活や企業の活動を左右する重要なテーマであり、正確で多様な情報を提供して、日々の暮らしや経営の判断材料にしてもらう必要があると考えるからにほかなりません。まさに世界はニュースに満ちているのです。

いまは学校で学んでいるみなさんも、いずれ社会に羽ばたく日がやってきます。グローバル化の進展によって、世界の動きはもはや対岸の火事ではなく、私たちの仕事や暮らしに直接かかわってくる時代になりました。内外のニュースに関心を持ち、その背景や影響を考える習慣をぜひつけてください。

●世界が身構えたロシアのウクライナ侵略

第2次世界大戦後、大量の核兵器を持つ米ソ両国がにらみ合いを続けた冷戦は、1991年のソ連の崩壊で幕を閉じました。旧ソ連構成国や東欧諸国で社会主義から資本主義への転換が進み、時を同じくしてインターネットが発達して、グローバル化の流れが広がります。欧米を中心に「自由で開かれた世界が到来した」という楽観的な見方が高まり、冷戦後を意味する「ポスト冷戦」の時代といわれました。

しかし、経済が発展する一方で、貧困や格差の問題が新たな課題として浮き彫りになってきました。2000年以降になると、冷戦終結の高揚感は薄まり、各地でテロや紛争が相次ぐ不安定な時代を迎えます。

ロシアによる爆撃で大きな被害を受けたウクライナ・ボロディアンカ（写真：©Rick Mave/SOPA Images via ZUMA Press Wire/共同通信イメージズ）

そうしたなかでロシアで権力の座に就いたのがプーチン氏でした。ソ連の崩壊に屈辱感を抱いているとされるプーチン氏は、ロシアを再び強力な国にしようと動き始めました。２０１４年にウクライナ領のクリミア半島を一方的に併合し、22年2月にはウクライナへの侵攻に打って出ました。ロシアは5カ国しかない国連安全保障理事会の常任理事国です。世界の平和に責任をもつ立場にあるはずのその国が、武力で一方的に他国の領土を侵したことに、欧州はもちろん世界中の人びとが驚き、身構えました。

米欧日などの西側諸国はウクライナに武器や物資を送って支援する一方、ロシアには経済的な制裁を科して撤退を迫りました。ただ、ロシアは世界でも有数の原油と天然ガスの産出国です。ウクライナとともに小麦の輸出国でもあります。この戦争でエネルギーや小麦の供給が不安定になり、価格も上がって、世界の各地で人びとの暮らしに打撃を与えました。いったん大きな戦争が起きれば、その影響はさまざまな面で世界中に広がってしまうのです。

だからといって、国際法違反の侵略を黙って見過ごしたらどうなるでしょうか。ほかの地域でも同じように力ずくで他国の領土を奪おうとする動きが出てくるかもしれません。それでは帝国主義の時代へ逆戻りです。二度にわたる世界大戦を経て築き上げたルールに基づく国際秩序をどう守っていくか、ロシアのウクライナ侵略は私たちに問いかけているといえます。

●やまぬ中東の戦火

ウクライナだけではありません。イスラエルと周辺国の間で以前から緊張が絶えなかった中東でも、多くの犠牲者が出る事態となってしまいました。発端は23年10月にパレスチナ自治区のガザを実効支配するイスラム組織ハマスがイスラエルを奇襲したことでした。虚を突かれたイスラエルは激しく報復。圧倒的な軍事力でガザに潜むハマスを攻撃し、巻き添えで女性や子どもを含む多くの市民が犠牲になりました。

米国はかねてイスラエルを支援し、武器を提供してきました。米国のユダヤ系住民は数は多くはありませんが、政治や経済に強い影響力を持っています。先に仕掛けたのはハマスだったとはいえ、イスラエルの反撃が苛烈をきわめたため、国際社会ではイスラエルに戦闘をやめるよう求める声が高まりましたが、米国はイスラエル支持の姿勢を変えませんでした。これには新興国や途上国などから「米国はウクライナ戦争でロシアを非難するのに、中東ではなぜイスラエルを止めないのか」と米国批判が噴き出しました。米国の対応は「ダブルスタンダード（二重基準）ではないか」というわけです。

イスラエルは隣国のレバノンを拠点とするイスラム教シーア派民兵組織ヒズボラとも戦火を交えました。ヒズボラの背後には米国と対立するイランがいます。イランはペルシャ湾に面した大国です。日本が輸入する原油の大半はこのペルシャ湾を通ってタンカーで運ばれてきます。仮に中東で戦争が拡大し、地域の安全が脅かされるようなことになったら、どうなるでしょうか。日本にその備えが十分にできているとはいえません。

●深まる米国と中国の対立

2000年以降の世界で大きな存在感を示すようになったのが中国です。10年に日本を抜いて世界第2位の経済大国になると、軍備も増強して海洋進出の動きを活発にし始めました。沖縄県の尖閣諸島周辺を含む東シナ海や南シナ海の領有権を主張。尖閣周辺では中国船による日本領海への侵入が相次いでいますし、南シナ海でもフィリピンと対立して両国の船がたびたび衝突する事態となっています。台湾の統一を「核心的利益」とする中国は、米軍の介入を阻止するため、こうした海域で潜水艦などの活動を自由にできるようにしようと狙っているとみられています。

こうなると米国も黙っているわけにはいきません。米大統領に再び就任したトランプ氏は「米国第一（アメリカ・ファースト）」を訴え、米国を追い抜こうとする中国への対抗心をむき出しにしています。アジア太平洋は世界の中でも成長が著しい地域です。中国がこの地域で支配力を強めて米国の地位を脅かす存在になることを警戒し、いまや「新冷戦」と呼ばれるまでに両国の対立が激しさを増しています。米国は人工知能（ＡＩ）や半導体など最先端の技術が中国に流出しないように規制をかけ、中国もそれに対抗しています。

冷戦時代のソ連は軍事大国ではあっても、経済的な影響力はさほどではありませんでした。中国は違います。日米とも中国との貿易や人の往来は活発です。それでも米中がお互いに高い関税をかけ合う貿易戦争となれば、モノの値段が上がったり円滑な輸出入が難しくなったりしかねません。日本の企業も無縁ではいられないでしょう。

もし中国が台湾を統一しようと本気で動き始めれば、米中の間で一気に軍事的な緊張が高まるのは必至です。台湾は日本とは目と鼻の先です。台湾の近海を通って、日本に原油などの資源やさまざまな物資が船で運ばれてきます。こうした重要な海上交通路である「シーレーン」の安全が脅かされることになれば、私たちの生活は成り立たなくなってしまうかもしれません。米中の対立の行方からも目を離すことはできないのです。

●地球温暖化対策という難題

世界各地で相次いでいる洪水や豪雨、熱波や干ばつなどの異常気象のニュースは皆さんもご存じだと思います。こうした気候変動を放置すれば食料危機や海面上昇などを招き、人類の存亡にかかわる事態にもなりかねません。各国が政治的な立場の違いを越えて、力を合わせて取り組まなければならない大きな課題です。

産業革命以降、石油や石炭、天然ガスなどの化石燃料が大量に消費されるようになり、二酸化炭素（CO_2）の排出量が急激に増えました。CO_2などは地表から放出される熱を吸収して、地球の気温を上昇させる温暖化ガスと呼ばれています。この温暖化ガスの排出をできるだけ抑える「脱炭素」を進めて、気候危機を防ごうというのが地球温暖化対策の根幹です。各国は毎年、国連気候変動枠組み条約締約国会議（ＣＯＰ）と呼ばれる会議を開いて知恵を出し合っています。

しかし、足並みがそろっているとは言えません。米大統領に返り咲いたトランプ氏は地球温暖化という事実そのものに疑問の目を向けていて、対策には否定的です。逆に米国内で原油や天然ガスの採掘をどんどん進める構えです。対策の国際枠組みである「パリ協定」からの再離脱も表明しました。一方、気候変動の影響を受けやすい途上国は、これまで温暖

気候変動の影響で塩水遡上、洪水、干ばつなど深刻な被害に直面するバングラデシュ（写真：©Joy Saha/ZUMA Press Wire/共同通信イメージズ）

化ガスを大量に排出してきた先進国の責任は大きいとして、対策のための資金を援助するよう訴えています。

世界第1位の温暖化ガスの排出国は中国、第2位は米国です。効果のある対策を進めるには両国の協力が欠かせません。政治や経済の面では対立を深めている米中ですが、温暖化や感染症といった地球規模の課題については、ぜひとも手を携えて対処してもらわなければなりません。両国と関係が深い日本は、そのための環境を整える役割が果たせるはずです。

CO_2の排出量を抑えるには、太陽光や風力、地熱といった再生可能エネルギーの比率を高めたり、ガソリン車から電気自動車への転換を進めたりするなど、いろいろな対策を組み合わせていくことが必要です。

おカネがかかりますし、これまでの産業構造を変える必要も出てきます。一方で、技術の開発を促し、雇用を生み出す可能性もあります。「必要は発明の母」という言葉があるように、新たな成長のチャンスとして、前向きにとらえていくことが大切です。

いま電気自動車の分野で世界をリードしているのは中国のメーカーです。米国や欧州は中国政府が補助金で安く電気自動車をつくらせて輸出攻勢をかけていると警戒を強めています。ここでも綱引きが繰り広げられているのです。地球温暖化は気候の問題ではありますが、経済面での競争や政治の綱引きと切り離して考えるわけにいかないのが実情です。

2. 広がる分断と民主主義の危機

●2つに割れた米国

2024年の大きな話題となったのが米国の大統領選でした。米国は共和党と民主党という2大政党が政治を動かしています。大統領選では共和党のトランプ氏と民主党のハリス氏（バイデン政権の副大統領）が競い、トランプ氏が2度目の大統領に返り咲きました。多くの有権者はどちらかの党への支持を明確にしていて、その意味では米国は基本的に分断を抱えた国家です。しかし、近年はその分断がより深まり、社会全体がまるで2つに割れて

21年1月、トランプ氏にあおられた支持者が連邦議会議事堂に押しかけて占拠
(写真:©ゲッティ/共同通信イメージズ)

しまったような状況に陥っています。

16年に最初に当選したトランプ氏は再選をめざした20年の大統領選でバイデン氏に敗れましたが、「選挙は盗まれた」と言い張り、敗北を受け入れようとしませんでした。バイデン氏への政権交代目前の21年1月には、トランプ氏にあおられた支持者が連邦議会議事堂に押しかけて占拠するという前代未聞の事件が起きました。世界の民主主義を引っ張ってきた米国で、民主主義の象徴である議事堂が襲撃されるという事態に世界は驚きました。

トランプ氏は再就任すると直ちに事件で罪に問われた人たちに恩赦を与え、多くが釈放されました。大統領に認められた権限ではありますが、民主党などは「司法への侮辱だ」と非難し、対立がおさまりません。

なぜこんなことになってしまったのでしょうか。分断の深刻化の背景には経済的格差の広がりなどいろいろな理由がありますが、見逃せないのがSNSの影響です。政治家にとっても、いまやSNSは自らの見解を伝えるのに欠かせないツールとなりました。トランプ氏は1期目から当時のツイッター（現在のX）を駆使して、重大な発表や過激な主張を繰り返したことで有名です。問題はその内容です。

トランプ氏は24年の大統領選のテレビ討論会で、カリブ海にあるハイチからの違法移民を非難して「入国した連中が住民のペットを食べている」と発言しました。テレビ局の司会者が「取材したが、移民によってペットが虐待された報告はない」とすかさず指摘しましたが、トランプ氏はSNSでこうした根拠のない主張を繰り返して支持者の結束を呼びかけてきました。20年の大統領選の敗北を認めず、支持者が議事堂占拠に至ったのはその典型です。

SNSや動画サイトなどでは、それを見た人の好みをシステム側が判断して、似たような情報が次々と表示される仕組みがあります。それが正しいかどうかにかかわらず、自分の気に入った情報を繰り返し見ることで、人は知らず知らずのうちにほかの考えを受け入れない傾向を強め、ひいては社会の分断が深まってしまっているのです。デジタル空間に潜む排他性の問題です。

民主主義では互いの意見をぶつけ合い、議論のすえに一定の結論を導き出し、国や自治体を運営していきます。異なる意見があるのは当然ですし、対立すること自体が悪いわけでもありません。しかし、自分の好みの情報だけに取り囲まれて考えが凝り固まり、異論を排除するようになっては民主主義の土台が崩れてしまいます。民主主義を守っているのは、憲法のように明文化されたルールだけではないのです。意見が異なる相手の存在を受け入れる寛容さや、節度をわきまえる自制心（法律の文言には違反しないものの、明らかにその精神に反する行為を避けようとすること）といった規範が欠かせない、と米国の政治学者は指摘しています（『民主主義の死に方』スティーブン・レビツキー、ダニエル・ジブラット著、新潮社）。日本の選挙でも、ＳＮＳでのバッシングや、大音量のヤジなどで相手の演説を妨害して動画にアップするような行為が目立つようになりました。もはや米国だけの問題ではないのです。

●ＳＮＳ時代のニュースへの接し方

英国のロイタージャーナリズム研究所が発表した「ロイター・デジタルニュースリポート２０２４」は47カ国・地域を対象に実施した調査で、人びとの間で「ニュース疲れ」ともいえる傾向が進んでいると指摘しています。平均で39％の人が最近のニュースの量に「辟易《へき》易《えき》している」と回答しました。戦争や災害、国家間の対立など、最近の国際ニュースには憂鬱で目を背けたくなるようなものが多いのは確かです。仕事や趣味などに時間を費やすための「単純なニュース離れ」ではなく、気がめいるニュースへの接触を意識的に避ける「選択的ニュース回避」と呼ばれる現象です。

ニュースに触れる手段が新聞やテレビが主流だった時代から、いまではネットやＳＮＳに移りました。情報量が圧倒的に増える一方、そこには過激な発信や真偽不明の情報も紛れ込みます。こうした状況の変化も「ニュース疲れ」を引き起こしているひとつの理由ではないかとみられています。

いま、国際秩序は揺らぎ、世界で現在進行形のさまざまな問題が起きています。背景は複雑ですし、容易に理解できるものでもありません。いわば「答えのない問い」に向き合うようなものです。しかし、そこから目をそらしていても、私たちの日々の生活に大なり小なりの影響を及ぼすことは、これまで述べてきたとおりです。社会で働き、暮らしを営んでいくうえで、そして、少しでも住みよい世界にしていくために、ニュースを知り、それをもとに自分のアタマで考えて行動していくことが大切です。そのための第一歩は、できるだけ正確で、良質な情報を入手することです。

あらゆる情報には送り手による一定の判断が入り込みます。私たち新聞社でも、まず記事として取り上げるかどうか、取り上げる場合にはどのような角度や詳しさで取り上げるかなど、常に記者と編集者が吟味していきます。それでも１００％誤報を防げるわけではありませんが、主要なメディアの報道では読者の目に触れる前に、こうした何段階もの議論やチェックを経ているのです。
ネット空間ではＡＩを使った真偽を見分けにくい映像や情報も流れるようになりました。誤った情報やニセ情報を見極めるのは日々難しくなっています。しかし、大学には専門家の先生がいますし、図書館で新聞や専門書なども読める環境があります。ぜひ世界のニュースに触れて、まわりの人たちとも議論し、考えを深めていってみてください。そうした習慣を身につけることが、これからの人生を実り豊かなものにしていく一歩になると思います。

参考資料

- 『民主主義の死に方』（スティーブン・レビツキー、ダニエル・ジブラット／濱野大道訳／新潮社）
- 『民主主義とは何か』（宇野重規／講談社現代新書）
- 『アメリカの政治　第２版』（岡山裕、西山隆行編／弘文堂）
- 『デジタル空間とどう向き合うか』（鳥海不二夫、山本龍彦／日経プレミアシリーズ）

講義7

豊かさって何だろう？

日本経済新聞社 元編集委員

玉利伸吾

講義のポイント

・なぜ心身の健康と幸福への関心が高まっているのか。
・戦後の日本人は経済的な豊かさを求めて努力した。
・「幸せ」を測定する科学的な研究が急速に進んでいる。
・先進国の中で日本の幸福度は低い状態が続いている。

1. いま、なぜウェルビーイングか？

ウェルビーイング（心身の健康と幸福）への関心が高まっています。もともとは英語で身体的、精神的、社会的に良好な状態を意味する言葉です。生活の満足度や幸福感を指すときにも使われてきました。それが最近では、人々の暮らしや働き方、会社や組織の運営などを考えるときに、盛んに使われています。様々な分野で、「どうすればウェルビーイングを高められるか」という視点が重視されるようになっているのです。

ウェルビーイングという言葉は、１９４０年代後半にできたＷＨＯ（世界保健機関）憲章の「健康」の定義に起源があるといわれ、最近では、「幸せ」や「幸福」に近い意味で使われるようになりました。学問の分野でも、10年ほど前には「幸福学」や「幸福の経済学」と呼んでいた研究領域が、ほぼ、この言葉に集約されつつあります。

ではなぜ、ウェルビーイングが重視されるようになってきたのでしょうか。近年、盛んに語られるようになった理由の一つは、世界的に人間の心身の健康や幸福について考える機運が高まってきたことがあります。

ここ四半世紀をみても、地球規模での経済危機や新型コロナウイルスによるパンデミック（世界的大流行）、大地震などの自然災害が続きました。直接的な被害や間接的な影響によって、日常生活がうまくいかなくなったり、仕事がなくなったりして、不安や孤独感を募らせる人たちが増えました。

そこで、改めて「幸福とは何か」「どうすれば幸福になれるのか」といった問題に取り組む動きが広がったのです。以前から取り組んできた欧米に加えて、アジア各国でも関心が高まっています。

さらに、経済的な豊かさと幸福度の関係をめぐる議論、研究が進んできたことも、この動きに拍車をかけました。

図表1　生活満足度と1人当たり実質GDPの推移

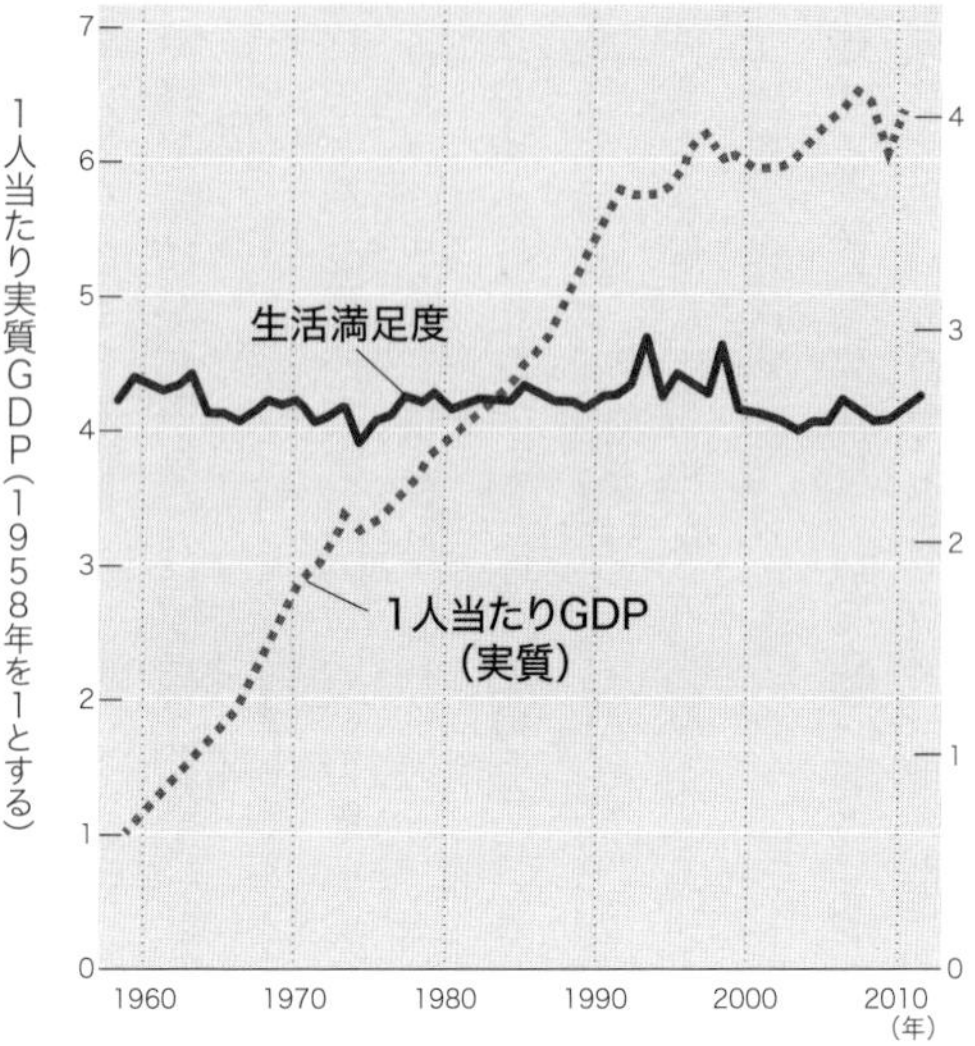

（出所）内閣府「国民経済計算」、総務省「人口統計」、World Database of Happiness
1人当たりGDPは、平成17年基準の計数（1994—2011年度）をベースに、平成12年基準（1980—1994年度）、平成2年基準（1958—1994年度）の計数を伸び率で接続して遡及したもの。
生活満足度は一部調査が行われていない都市がある。

経済的に豊かになれば、幸福になれる。収入が増えて、好きなものが買えるようになれば、当然、幸せになれると、長い間、誰もが考えてきました。確かに、食べるものも着るものもないといった状況では、幸せを感じにくいでしょう。ところが、この当たり前だと考えられてきた前提の見直しを迫る研究が現れてきました。

戦後の日本は、「奇跡」の経済成長をなしとげ、豊かな先進国になりました。しかし、生み出したモノやサービスをお金に換算したGDP（国内総生産）が大きく増えたにもかかわらず、国民の幸福感は、ほとんど高まっていないことが分かってきたのです。

図表1は、生活に満足しているかどうかなどを指数化した主観的な「生活満足度」と経済的な豊かさを示す指標の一つ、国民1人当たりの実質GDPの変化を比較したものです。実質とは物価変動の影響を除いた数字のことです。驚いたことに、経済成長が続いても、生活満足度で表わした幸福感は1950年代からずっと横ばいで、ほとんど伸びていません。

これは日本だけでなく、欧米各国にもみられる現象なのですが、日本では特に、この傾向が強く、幸福感が低い傾向が続いています。各国との違いがどこから来るかというと、「生活満足度」をはじめ、「健康」や「安全」、「ワークライフバランス」「政治参加」や「環境」などGDPでは表せない様々な要因が働いていると考えられています。

こうした研究では、GDPなど物質的な豊かさだけではとらえきれない、生活の質や持続可能性など幅広い側面から幸福度や豊かさを測定しようと試みています。数値化、データ化で国際的な比較ができるようになれば、その国民の心の健康状態を把握し、政策などを推進することで幸福度の向上につなげられると考えているのです。つまり、ウェルビーイングの度合いを調べて、高めていくための道具が少しずつ整ってきたわけです。

こうした潮流について、もう少し詳しく説明する前に、これまで私たち日本人がいかに経済的、物質的な豊かさを求めて、がんばってきたのか。その足取りを振り返ってみましょう。

2. 焦土から経済大国、失われた30年へ

日本という国が経済的な豊かさを求めてグローバルに動き出したのは明治時代でしょうか。「殖産興業」「富国強兵」などの目標をかかげて、近代化を進め、西欧諸国のような豊かな国をめざしました。その後、戦争に負けて財産を失くしてしまいますが、1950年代には先進国と並ぶ経済大国となり、長年の夢を実現しました。

敗戦後、国中がガレキの山で、東京や大阪などの大都市には焼け跡が広がっていました。工場、機械が破壊され、1946年のGNP（国民総生産）は戦前のピーク時の半分。鉄鋼生産は戦前のわずか7％です。5年で物価が70倍というハイパーインフレーション（超インフレ）にも見舞われました。

戦前は世界5大国や3大強国の一つとまで言われていたのが、貧しい国に逆戻りです。それが米軍中心の連合国軍の占領下での農地改革、財閥解体、労働改革などを経て、経済活動がよみがえっていきます。1950年に起きた朝鮮戦争の特需などもあり、51年には、実質GNPが戦前の水準を回復。55年には、国民1人当たりの実質GNPが戦前並みに戻りました。

1956年の「経済白書」が「もはや戦後ではない」と書いたころから、日本経済は急速

に発展していきます。70年代初頭まで年平均10％という歴史的な高成長を続けて、敗戦国が先進国へと大転換をとげるのです。

経済の仕組みは大きく変わりました。近代的な工業が主力となり、技術革新と設備投資が進み、製品価格が下がり、サラリーマンの給料も上がりました。衣料など身近なモノから生活が変化し、洗濯機、冷蔵庫、テレビの「三種の神器」と呼ばれた耐久消費財の普及率が9割に達します。自動車を買う世帯も増え、所得水準が欧米並みになり、暮らしが豊かになります。街も姿を変えました。焼け跡だった場所に、建設ラッシュで、ビルが建ち並び、高速道路ができました。

何が「奇跡の復興」を可能にしたのか。いろいろな要因があるのですが、国民みんながんばって働いたことが非常に大きかった。その原動力は豊かさを求める気持ちです。経済学者の吉川洋・東大名誉教授は著書『高度成長——日本を変えた六〇〇〇日』で、「高度成長の源泉は、豊かさ、欧米のような豊かさがほしい、とりわけ、アメリカの進んだ生活に少しでも近づきたいと思ったからだ」といった指摘をしています。豊かになって、幸せになりたいと奮闘したのです。

1964年には、OECD（経済協力開発機構）に加盟し、先進国の仲間入りをします。自動車や電子機器など工業製品を輸出し、貿易を黒字にして債務国を脱します。68年には、GNPが旧西ドイツを抜いて自由世界で2位の「経済大国」になり、明治以来の悲願だった「欧米へのキャッチアップ」が実現します。明治元年からちょうど百年でした。

高度成長が終わると、低成長と混迷の時代が始まります。世界で一目置かれる「経済大国」日本は、世界経済の波に大きく揺さぶられます。開国以来、つねにグローバル化の影響を受けていたのですが、70年代以降、さらに大きな荒波に巻き込まれます。徐々に経済力、軍事力を失いつつあった米国との貿易摩擦が日本経済の姿を変えていきます。

1971年8月15日、米国のニクソン大統領は突然、「金（ゴールド）とドルの交換を停止する」と宣言しました。それまでの「ドル・金本位制度」という通貨の仕組みが維持できなくなったからです。22年間続いた1ドル＝360円の固定レートが終わり、73年には変動相場制に移行して、円が上昇し、円高不況がやってきました。続いて、第1次石油ショックが押し寄せ、石油の価格が数カ月で4倍に急騰。「狂乱物価」と呼ばれるほどの物価上昇を経験しました。

不況や石油危機などを乗り切ると、日本経済は国際競争力を強めます。80年代に入ると、世界での存在感が一段と増します。85年、日本が世界最大の純債権国（海外の資産が債務＝借金を上回っている国）になる一方で、長く債権国の地位にあった米国が債務国（借金国）に転落。しかも、日本は1人当たりGNPで米国を抜きました。

85年9月には、米国のプラザホテルで開いたG5（先進5カ国蔵相会議）で為替相場の調整で合意します。貿易赤字に苦しむ米国が強引に円高にして日本からの輸出を抑えようという狙いがありました。この「プラザ合意」で円ドル相場は急上昇し、1年半で1ドル＝240円から140円台にまで進みます。日本経済を「円高不況」が襲い、輸出産業が打撃を受けます。一方、ドルで見た日本経済はふくれあがり、「ジャパンマネー」が世界にあふれ、海外直接投資がブームになりました。

この時、金利を下げすぎたことでバブル経済が発生します。すぐに消える「泡」を意味するバブルから来た言葉ですが、実態以上の評価が生じる経済状態を指します。国内でも、株が急騰し、地価が上昇します。大学生や主婦にも株式投資熱が広がり、数千万円のリゾートマンションが売れ、百貨店の宝石売り場には買い物客が殺到しました。

89年にはベルリンの壁が崩壊し、東西冷戦が終わります。翌年、バブル経済が崩壊します。株や土地の価格が急落し、戦後最大、最長の不況が始まります。企業も家計も負債を抱え、銀行や証券会社などの金融機関は不良債権を抱えて経営が傾きます。97年から98年にかけて大手金融機関が相次ぎ破綻。金融システムが崩壊寸前までいった「平成金融危機」が起きます。

家計や企業の心理も冷え込み、経済活動にも深刻な影響が及び、物価が下がり続けるデフレーションの慢性化につながっていきます。2008年には、米国の有力証券会社、リーマン・ブラザーズが経営破綻し、「世界金融危機」が起きます。日本の生産活動も過去最大の落ち込みをみせます。その後も長く、経済の低迷が続くことになります。

豊かになれば、幸福になれる。そう思ってがんばってきた敗戦国は、ようやくお金持ちになれて幸せになれそうだ。と思ったとたん、経済の面でも世界から取り残されてしまった。しかも、国民の幸福感は高まらないままだったのです。

3．「幸せ」を測定する

日本が経済大国への道を突き進んでいた70年代から、成長率は伸びたのに、「景気がよくなった気がしない」「豊かさを感じられない」といった指摘はありました。この間、経済学の分野でも「経済成長と幸福の関係」についての研究が進み始めていました。

きっかけとなったのが、米国のリチャード・イースタリン南カリフォルニア大学教授（当時は米ペンシルベニア大学）が74年に報告した「イースタリンのパラドックス（逆説）」と呼ばれる現象でした。ＧＤＰ（国内総生産）が表わす経済成長によって所得が増えても幸福感が上昇するとは限らない、豊かな国の国民の幸福感が必ずしも高いわけではないという事実を示していました。

また、米国のアンガス・ディートン教授は消費や貧困、幸福についての調査が評価されて、２０１５年にノーベル経済学賞を受けました。その調査では収入が増えるにつれて幸福感は上がっていきますが、この傾向は年収が約９００万円を超えると続きませんでした。お金をたくさん持っていたとしても、金額に比例して幸せになるわけではないことが分かってきたのです。

ＧＤＰには金銭的な取引しか計上されないので、家事労働は計上されない。環境の悪化、外部不経済と呼ばれる経済的な損失も反映されていません。どのくらい人間が幸福な状態にあるか、一人ひとりの幸福度がどれぐらい高まったかははっきりと示せないのです。

幸福は心の問題であり、人によって文化によって感じ方も大きく異なるので、数値化は難しかったのですが、それでも、徐々に「幸せの度合い」を測る指標を開発して、幸福度を高める目安にすべきだと考える人たちが増えていきました。

この動きに拍車をかけたのが、２００８年の「リーマン・ショック」です。この時の「世界金融危機」は深い爪痕を残しました。２０１１年には、不況、失業増などに苦しむ人々が「ウォール街を占拠せよ」というスローガンを掲げて、米国政府などへの抗議行動、デモを行いました。

このような危機をきっかけに、幸福度を測る取り組みが世界的に広がったのです。当時のサルコジ仏大統領がジョセフ・スティグリッツやアマルティア・センなどノーベル経済学賞の受賞者に呼びかけて、「経済成果と社会進歩の計測に関する委員会（通称、スティグリッツ委員会）」ができました。

委員会は２０１０年に報告書を発表して世界の指導者や政策担当者にＧＤＰに替わる

経済データの開発と合わせて、政府の統計に「幸福度指標」を採用するよう求めました。国際機関や各国政府にウェルビーイングを測るよう勧めたわけです。

提案に応えて、多くの国や国際機関がこうした指標を開発したり、幸福度向上に必要な政策を考え始めました。ＯＥＣＤは２０１１年からほぼ2年に一度、「幸福度白書」（How's Life? measuring Well-being）」を発表するようになりました。物質的な豊かさである収入などに加えて、仕事、住宅、健康、教育、環境など11の側面を数値化した指標「Better Life Index（より良い暮らし指標）」（図表2）を使って各国の幸福度を比較しています。

ＯＥＣＤの指標なども参考に、日本でも指標作りが始まりました。内閣府は２０１９年から毎年、「満足度・生活の質に関する調査報告書　我が国のWell-beingの動向」を発表しています。

同様に、欧州諸国なども指標を作っています。英国では幸福度指標を政策に導入し、アイルランドやイタリア、独仏なども続いています。21年には、アイルランドが主観的厚生に関する指標群を作成、カナダでは、政府の意思決定や予算編成に「生活の質に関する指標」を活用し始めています。

日本の地方自治体や民間企業、市民団体などにも指標を使って心の豊かさ、幸福度を追究する活動が広がっています。内閣府が21年に全国の市区町村を対象にしたアンケート調

図表2　幸福度・より良い生活指数ランキング

順位	国・地域名	合計	住宅	収入	仕事	コミュニティ	教育	環境	市民参加	健康	生活満足度	安全	ワークライフバランス
1	ノルウェー	88.6	8.1	4.6	8.8	8.7	7.4	9.8	6.5	8.3	8	9.9	8.5
2	アイスランド	87.4	6.5	6.4	9.7	10	6.8	9.7	6.6	8.6	9	9.3	4.8
3	スイス	86.9	6.9	8.2	9.4	8.2	7.4	8.7	3.2	9.2	8.7	9.3	7.7
4	スウェーデン	86.4	6.9	5	8.3	7.8	8.3	9.8	6.9	8.6	8.1	8.6	8.1
5	フィンランド	85.9	6.4	3.8	8.2	8.9	9.2	9.8	5.4	7.6	10	9.3	7.3
6	オランダ	85.5	7.5	4.1	9.1	8	7.7	7.6	7.4	8.2	8.7	8.9	8.3
7	オーストラリア	85.4	8.2	5.9	8.6	7.7	8.6	8.9	8.9	9.3	7.5	7.4	4.4
8	アメリカ	84.8	8.6	8.5	8.8	7.8	7.4	8.2	7	8.6	7.2	7.5	5.2
9	デンマーク	83.8	6.3	3.3	8.7	8.3	8	8.3	6.8	7.5	8.8	9.2	8.6
10	カナダ	83.6	7.8	5.3	8.4	7.5	7.8	8.6	6.8	9.5	7.1	8.3	6.5
11	ルクセンブルク	83.4	7.1	9.3	8.7	6.5	4.7	7.2	6.7	8	8.4	9.4	7.4
12	ニュージーランド	81.5	6.8	6	8.3	8.5	7	8.1	7.5	9.2	7.9	7.3	4.9
13	ドイツ	79	7	4.8	8.9	6.2	7.6	7.7	5.3	7.1	8.1	8.3	8
14	アイルランド	77	7.4	4.1	8.1	8.9	7.6	7.1	2.9	9.2	7.2	8.3	6.2
15	イギリス	76.6	6.5	5.4	8.4	7.3	6.7	6.8	7.1	7.8	6.4	8.6	5.6
16	ベルギー	76.4	7.6	5.2	8	6	7.9	5.8	7.2	8.1	6.5	6.4	7.7
17	オーストリア	76.3	6.3	4.7	8.5	7.2	6.8	7.6	4.3	7.8	7.8	9.3	6
18	フランス	74.9	6.8	4.3	7.5	8.2	6.3	6	5.8	7.7	6.1	8.1	8.1
19	エストニア	74.1	7	2.4	7.3	8.4	8.2	8.2	6	5.6	5.3	8.4	7.3
20	スロベニア	73.9	6.9	2.8	7.5	8.5	8.1	6.8	4.3	7.3	5.3	9.7	6.7
21	スペイン	71.3	6.7	3.8	5.3	7.8	5.6	5.9	5	8.7	5.4	8.7	8.4
22	チェコ	70.7	5.4	2.5	7.7	9.1	7.8	6.3	3.5	6.3	6.7	8.4	7
23	イスラエル	69	5.2	3.7	7.5	8.6	5.5	4	6	8.3	7.7	8.5	4
24	イタリア	68.1	5.5	3.6	5.8	5.6	4.9	5	6.6	8.3	5.4	8	9.4
25	ポーランド	65.8	5.1	2.6	7.2	8	8.1	4.1	6.3	5.8	4.2	7.9	6.5
26	スロバキア	64.6	3.6	2	6	8.4	5.9	4.8	6.8	6.2	5.5	8.3	7.1
27	リトアニア	63.9	5.8	2.7	7	5.5	7.7	6.9	4.7	4.1	5.1	6.7	7.7
28	ハンガリー	62	5.8	1.8	7	7.9	6.2	5.2	3.4	5.2	3.9	8	7.6
29	日本	61.1	6.1	3.6	8.3	5.5	7.7	6.7	2	5.3	4.1	8.4	3.4
29	ラトビア	61.1	4.5	1.3	6.9	7.1	7.5	6.4	4	4	4.5	7.4	7.5
31	ポルトガル	60.2	6.8	2.9	6.5	4.8	4.9	8.1	1.8	5.8	3	8.9	6.7
32	韓国	59.4	7.5	3.4	7.8	1.5	7.8	3.1	7.8	4.8	3.1	8.8	3.8
33	ロシア	50.6	4.7	1.3	7	5.5	6.8	3.6	2.4	3.1	2.1	6.3	7.8
34	ギリシャ	50.4	5.3	1.8	3	0.5	6.4	3.9	3.5	8.4	3.1	7.5	7
35	チリ	45.9	6.7	1.4	5.5	5.3	4.5	1.1	1.2	6.4	4.3	4.7	4.8
36	コスタリカ	45.1	6.3	1.1	5.2	2.6	2	5.9	4.3	7.7	4.9	3.8	1.3
37	ブラジル	44.4	4.7	0.5	4.3	2.7	2.3	4.8	6.7	6.2	4.1	1.9	6.2
38	トルコ	40.7	5.2	1.3	4.4	3.7	4.2	0.3	5.9	6.6	0	6.6	2.5
39	メキシコ	32.7	3.7	1.1	6.2	0	1.3	3.6	7	5.6	3.6	0.2	0.4
40	コロンビア	31	4.1	0.5	5.2	1.3	1.4	4.1	2.1	7.3	2.8	1.6	0.6
41	南アフリカ	24.2	2.6	0.1	0	5.7	1	1.4	3.9	3.1	0.3	2.5	3.6

出典：OECD「Better Life Index」　https://www.oecd.org/　https://www.oecdbetterlifeindex.org/

査によると、162の自治体が主観的満足度・幸福度指標を調査するなど多くの自治体が「幸せ」の指標を活用し始めています。

代表的な例として、岩手県の「岩手の幸福に関する指標」、東京都荒川区の「荒川区民総幸福度（グロス・アラカワ・ハッピネス：GAH）」、三重県の「15の幸福実感指標」などがあります。いずれも実際に、地域の課題解決などに使われています。

4．日本の幸せ度は先進国で最低水準

日本でも指標を使って幸福度を高めようという活動が確実に広がっています。合わせて「ウェルビーイング」に対する関心も深まっています。日本政府も2021年に「一人ひとりが多様な幸せ（ウェルビーイング）を実現できる社会を目指す」といった目標を掲げました。ところが、日本の幸福度は依然として、高まらないのが実情なのです。

日本の幸福度は、先進国の中で最低水準にあります。「世界幸福度ランキング」でも、なかなか上位にはいけません。2024年は、日本の幸福度は143カ国中、51位で、前年より4ランク下がり、G7（主要7カ国）の中で最も低かったのです。

その一方で、韓国や中国を上回りました。日本は若年層の幸福度が相対的に低く、青少年の生活満足度の向上が社会的な課題に浮上しているともいわれています。

この「世界幸福度ランキング」は、スティグリッツ委員会の報告を受けて国際連合が設立した研究組織「持続可能な開発ソリューション・ネットワーク」（ＳＤＳＮ）が２０１２年から毎年、「世界幸福デー」の3月20日に発表しています。

米ギャラップ社の世論調査をベースに、各国の約１０００人に「最近の自分の生活にどれくらい満足しているか」を尋ねて、０（完全に不満）から10（完全に満足）の11段階で答えてもらう方式で、国ごとの幸福度を測定し、過去3年間の平均でランク付けしています。

どの国が世界で最も幸福度が高いかというと、7年連続でフィンランドが1位を占めています。24年の2位はデンマーク、3位アイスランドなど例年同様、北欧諸国が上位を占めました。英国が20位、米国が23位でした。米国がトップ20から外れたのは初めてでした。30歳未満の幸福度が大幅に下がったことが原因のようです。

なぜ日本の幸福度は低いままなのでしょうか。1位の常連、フィンランドと比べることで、その理由を探った調査（鶴見哲也・藤井秀道・馬奈木俊介著『幸福の測定　ウェルビーイングを理解する』）が参考になります。それによると、上位の国に比べて、日本では、「人とのつながり」や「仕事と生活のバランス、余暇」などの項目で、幸福感を高める活動が足りないと指摘しています。

以前から日本人の幸福感は世界でもかなり低い方だったという調査（大竹文雄ら編著『日本の幸福度　格差・労働・家族』）があります。この調査では、日本人は20代から60代まで年齢が高くなるほど幸福度が下がっていくことが分かりました。欧米では30代を底に上がっていくそうです。

では、どうすれば幸せになれるのか。様々な研究によって、助け合いや環境にやさしい行動が「幸福のカギ」だと分かってきているそうです。すぐに効果があるのが、利他的な行動です。寄付などにお金を使って他人を助けると、幸福感が高まる。自分の利益だけをしっかりと守ろうとすると、幸福感は逃げてゆく。他人の役に立ち、社会のために動いているという感覚が幸福感を高めるといいます。一人ひとりが日々の行動を変えていけば、幸福度が高い社会に一歩ずつ近づけるという可能性を示しているのではないかと思います。

コロナ禍やウクライナ侵攻、中東での戦闘、インフレ懸念などで、世界経済の動揺が続いており、個人も社会もいよいよ先が見えません。世界中で不安や孤独感を募らせた人が増え、改めて「幸せ」について考える動きも広がっています。

ウェルビーイングについて興味がわいたでしょうか。「どうすれば幸福になれるのか」という問題は、主に、ギリシャ・ローマ時代からアリストテレスなどの哲学者や宗教家などが中心となって考えてきました。長い歴史があるのですが、結局、「幸福」「不幸」の問題はそれぞれの心の問題で、定量的に評価することは非常に難しいとみられてきました。しかし、いまでは経済学などの研究が進んだことで、所得など客観的なデータだけでなく、様々な満足度を測定して総合的に把握できるところまできているのです。それがウェルビーイングの測定です。
どうすれば、ウェルビーイングを高めて、みんなが幸福を感じられる社会を作れるのか。そのためにどんな仕組みが必要なのか。どんな行動をとればいいのか。考えてみてください。その際、経済学の発想が役に立ちます。新聞を読んで土台となる情報に目を通すと、さらに考えが深まるはずです。

参考資料

・『昭和経済史』(中村隆英著、岩波現代文庫)
・『戦後日本経済史』(内野達郎著、講談社学術文庫)
・『大脱出　健康、お金、格差の起原』(アンガス・ディートン著、松本裕訳、みすず書房)
・『「幸せ」の決まり方　主観的厚生の経済学』(小塩隆士著、日本経済新聞出版)
・『幸福の経済学　人々を豊かにするものは何か』(キャロル・グラハム著、多田洋介訳、日本経済新聞出版)
・『ウェルビーイング』(前野隆司、前野マドカ著、日経文庫)

講義8

お金とつき合う長い人生

日本経済新聞社 日経マネー編集委員 大口克人

講義のポイント

・あなたの人生は想像以上に長く、老後資金を含む全体ではかなりのお金が必要。
・一方で収入も全体ではかなりの額に。若い頃から対策すればお金の不安は消せる。
・「長期・分散・積み立て」が資産形成の王道。日本の未来も前向きにとらえよう。
・日本は漫画大国。経済や投資のことは活字の本だけでなく、漫画からも学べる。

1. あなたの人生は本当に長い

若い皆さんは「人生100年時代」と言われても、先が長過ぎてピンと来ないでしょう。私も20代の頃はやはりそうで、自分が永遠に生きるような錯覚をしていました。ですから今でこそお金の専門家として活動していますが、若い頃からしっかりと資産形成していたわけではなく、配属された『日経マネー』編集部を中心に、日々がむしゃらに仕事をしてい

図表1　主な年齢の平均余命

年齢（歳）	男 令和5年	男 令和4年	男 前年との差	女 令和5年	女 令和4年	女 前年との差
0	81.09	81.05	0.04	87.14	87.09	0.05
5	76.30	76.25	0.05	82.35	82.28	0.07
10	71.33	71.28	0.05	77.37	77.30	0.07
15	66.36	66.31	0.06	72.40	72.33	0.08
20	61.45	61.39	0.06	67.48	67.39	0.08
25	56.59	56.53	0.05	62.57	62.48	0.09
30	51.72	51.66	0.07	57.65	57.56	0.09
35	46.87	46.80	0.07	52.74	52.65	0.08
40	42.06	41.97	0.08	47.85	47.77	0.08
45	37.28	37.20	0.09	43.01	42.93	0.08
50	32.60	32.51	0.09	38.23	38.16	0.07
55	28.05	27.97	0.09	33.54	33.46	0.08
60	23.68	23.59	0.09	28.91	28.84	0.08
65	19.52	19.44	0.09	24.38	24.30	0.07
70	15.65	15.56	0.09	19.96	19.89	0.07
75	12.13	12.04	0.09	15.74	15.67	0.07
80	8.98	8.89	0.09	11.81	11.74	0.07
85	6.29	6.20	0.10	8.33	8.28	0.06
90	4.22	4.14	0.08	5.53	5.47	0.06

出所：厚生労働省「令和5年簡易生命表」より。単位は年

ただけなのです。しかし今、ふと気が付けばいつの間にか定年退職の年になっており、「社会に出てからの時間の流れは非常に速かったな」と感じています。そして現在地点から若い頃を振り返ると、お金に関して気付くことや当時の自分に教えてあげたいことがたくさん見つかります。なのでこの章では、長くなった人生の中で、お金について最初にどう考えておけばいいのかを学んでいきましょう。

まず「本当に100年も長生きするのか」ですが、これはかなりの確率でそうなると言えます。厚生労働省の「令和5年簡易生命表」によれば、男性の平均寿命は81・09年、女性の平均寿命は87・14年です【図表1】。これは2023年に0歳

だった人があと何年生きるかという数値（平均余命）で、早くに亡くなる人もいるため、実際の寿命の感覚よりやや短くなります。例えばこの表で90歳男性の平均余命は4・22年、女性は5・53年となっていますから、現在、90歳まで生きられた人は95歳くらいまではほぼ生きているということです。我々の寿命は毎年延びていますので、皆さんが90歳になるあと約70年後に、90歳の人の平均余命が10〜15年を超えていても何の不思議もありません。

ここで問題になるのが、そんなに長生きして生活費が足りるのか、ということです。多くの人が今、「老後資金が心配だ」と悩んでいるのがまさにこれです。

1960年（昭和35年）には男性の平均寿命は65・32歳でした。この頃は会社の定年年齢も55歳と今より早く、60歳から公的年金の支給を受け、数年後には旅立っていました。これなら多くの人は年金や貯蓄だけで老後生活を過ごすことができ、2019年のように「老後資金が2000万円も足らない！」と騒ぐ必要もなかったのです。若者がたくさんいたので年金財政も安泰でした。

しかし今は、定年が60歳で年金支給が65歳からに後ずれしています。将来、皆さんがリタイアするまでの間にこれが「定年は65歳か70歳、年金支給は70歳から」と再度後ずれしないとは限りません。事実、13年からは希望すれば同じ職場で65歳まで働けるようになっていますし、会社によっては定年延長や定年廃止の動きも出ています。とはいえいつまでも働けるわけではありませんので、確実に言えるのは「今後の平均寿命の延びは、働けなくなってからの年数が延びることを意味する」ということです。だとしたら、若い頃からある程度の計画性を持って老後に備えておいた方がいい、となるでしょう。

2．人生にお金はどのくらいかかるのか

「老後への備え」を考える時に大事なのは、「人生全体で何にどのくらいお金がかかるのか」をまずざっくり知っておくことです。日々の細かい節約も大事ですが、私はむしろ山頂から山道や麓を見下ろすように、若いうちに人生全体のお金の出入りを鳥瞰してみる方が有効だと思います。

その意味で重要なのが住宅資金、子供の教育資金、老後資金の3つで、「人生の3大資金」と呼ばれます。この3つはライフイベントの中で最もお金がかかるものなので、社会に出たら早めに準備しておくと安心でしょう。

住宅資金は、賃貸か持ち家かでも違いますが、持ち家の場合の目安は「5000万円以上」とかなりの額になります。住宅金融支援機構によれば、23年度にフラット35という融資制度を利用してマイホームを買った人の購入価格（全国平均）は、土地付きの注文住宅が約

4903万円、マンションが約5245万円となっています。住宅価格は資材高や人手不足の影響で年々上がっており、東京都心の好立地のマンションになると既に億ションを超え「2億ション」も登場しています。ただし、都心から離れたエリアや駅から少し遠い物件、中古物件などなら、もっとこなれた価格の物件もあります。

次の教育資金の目安は「子供1人当たり、幼稚園から大学まで全て公立だと約1000万円、全て私立だと約2500万円」と言われます。もちろん、私立医学部などはこの額では済まないでしょう。ただこちらも、子供が産まれてからの児童手当を全部貯めていけば高校卒業時までに240万円くらいになりますので、大学の学費はほぼ賄えるとされています。さらに「幼児教育・保育の無償化」が19年から始まっていますし、高校には授業料の無償化制度があります。今後これらの制度が拡充されていけば、教育資金の負担は減らせる可能性もあります。

さて現役時代に住宅資金、教育資金を何とかクリアしても、最後に老後資金という難物が控えています。これの目安は一般に「老後資金1億円」と言われています。そう聞くと、「社会人のリタイア時までに、金融資産で1億円作っておかなければならないのか……」と途方に暮れてしまいますよね。でもこれは間違いです。総務省の「家計調査報告」(23年)を

図表2　「人生の3大支出」が晩婚化・晩産化で昔より後ずれしている

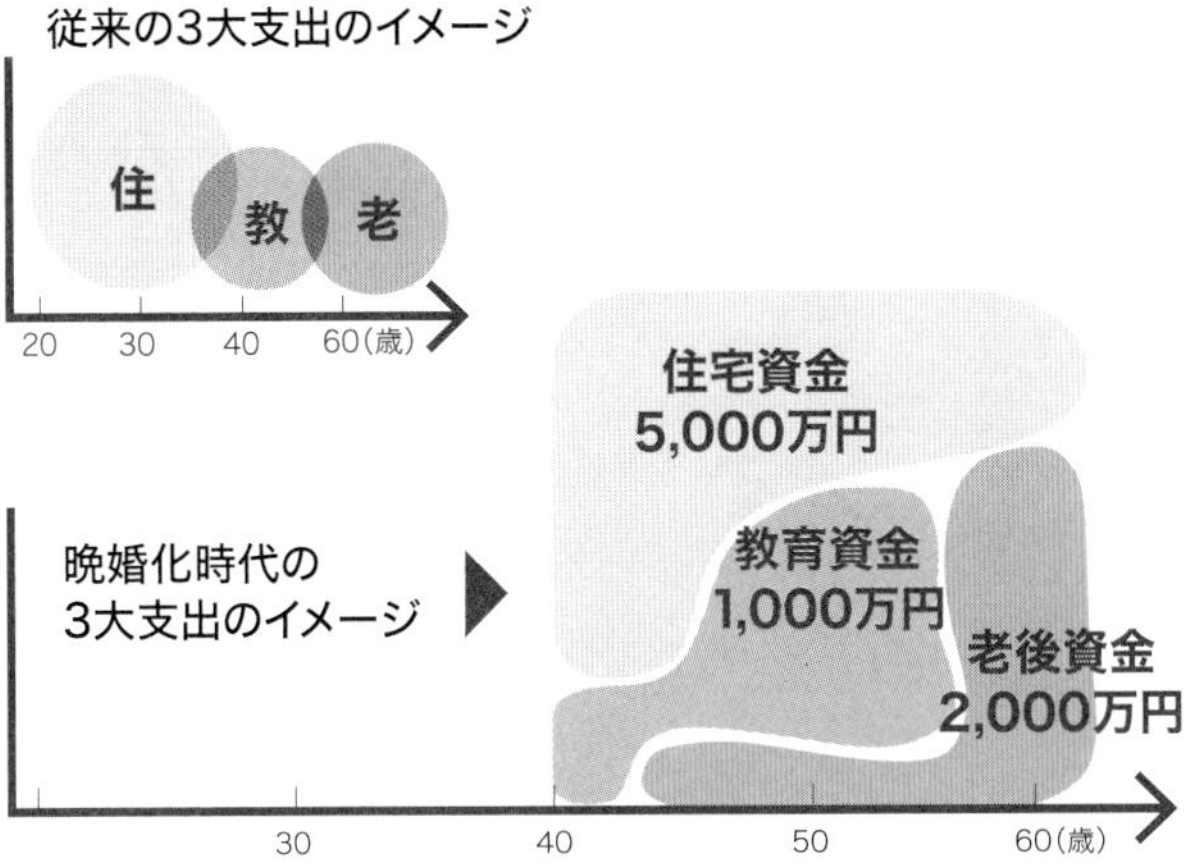

出所：日経BP「日経マネー」2015年1月号の図を基に作成

見ると、65歳以上の夫婦のみの無職世帯の実支出は毎月28万2497円。これが65歳から95歳までの30年分だと合計1億1770万円になるから、医療費や介護費なども合わせて「老後資金は計算上、ざっくり1億円以上かかる」と言われているだけです。来月必要な生活費は、どの高齢者世帯でもあくまで28万円強なのです。

むしろここでの問題は、3大資金の必要になる時期が従来と違って「後ずれ」していること【図表2】。皆さんの親世代ならまず住宅資金の手当があり、次に教育資金が来て、子供が巣立って一段落した頃に老後資金が必要になる……といった形で、順に対応できました。しかし晩婚化・晩産化が進んだ今では、それら全てが40代以降にまとまって押し寄せてくるのです。やはり計画的な備えが必要になりそうです。

3. あなたはどのくらいお金を稼ぐのか

まだ社会に出て働いてもいないのに、将来は何千万円ものお金が必要だという話をされて、あなたはすっかりめげてしまったかもしれません。しかし、支出があれば一方には収入もあります。あなたはこれから先、社会に出て人生全体では2～3億円稼ぐのだとしたらどうでしょう。これまでの話も「それなら何とかなりそう」と思えるのではないでしょうか。

厚生労働省の「賃金構造基本統計調査」をベースにした資料に「ユースフル労働統計」があります(独立行政法人　労働政策研究・研修機構)。これの24年版【図表3、次ページ】を見ると、大卒男性が社会に出てから定年までの賃金は計2億5150万円です。さらに退職金が1840万円あり、定年以降の賃金が5740万円。これら全てを合わせた「生涯賃金」は全部で3億2730万円になります。

大卒女性は金額は少し下がりますが、定年までの賃金が2億190万円、退職金が1840万円、定年以降の賃金が3620万円で、全部で2億5650万円になります。

図表3　生涯賃金（引退まで、退職金を含む、2023年）

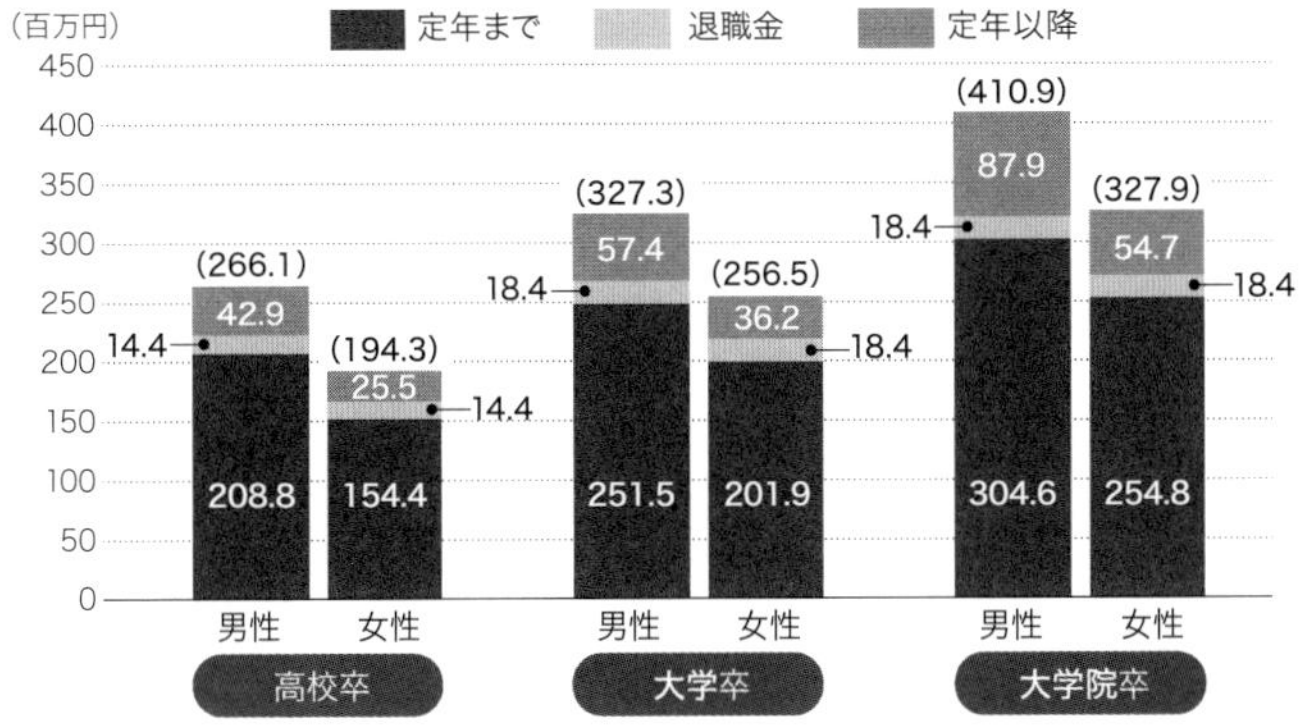

出所：独立行政法人 労働政策研究・研修機構「ユースフル労働統計 2024」

毎月の給料は何十万円かでも、積み上げれば2～3億円という信じられないような額になるのですね。会社や業種によってはもっと多く、経済誌の「生涯年収ランキング」のような記事で上位の会社を見ると、9億円、7億円といった驚くような数字も載っています。

私自身も、最初に入った会社での初任給は決して多くはなく、「こんな額で生活できるのだろうか」と不安になったものでした。しかしその後転職して納得できる額をもらえるようになり、その後は年齢と職責に従って給料も少しずつ増えていったので、最終的には初任給の数倍になっていました。デフレで賃金が上がらない「失われた30年」という時期でしたが、生活実感としては「若い頃は少なかったけど、後半にかけて結構たくさんもらえるようになったな」と感じています。

図表4　日本の公的年金制度は「2階建て」

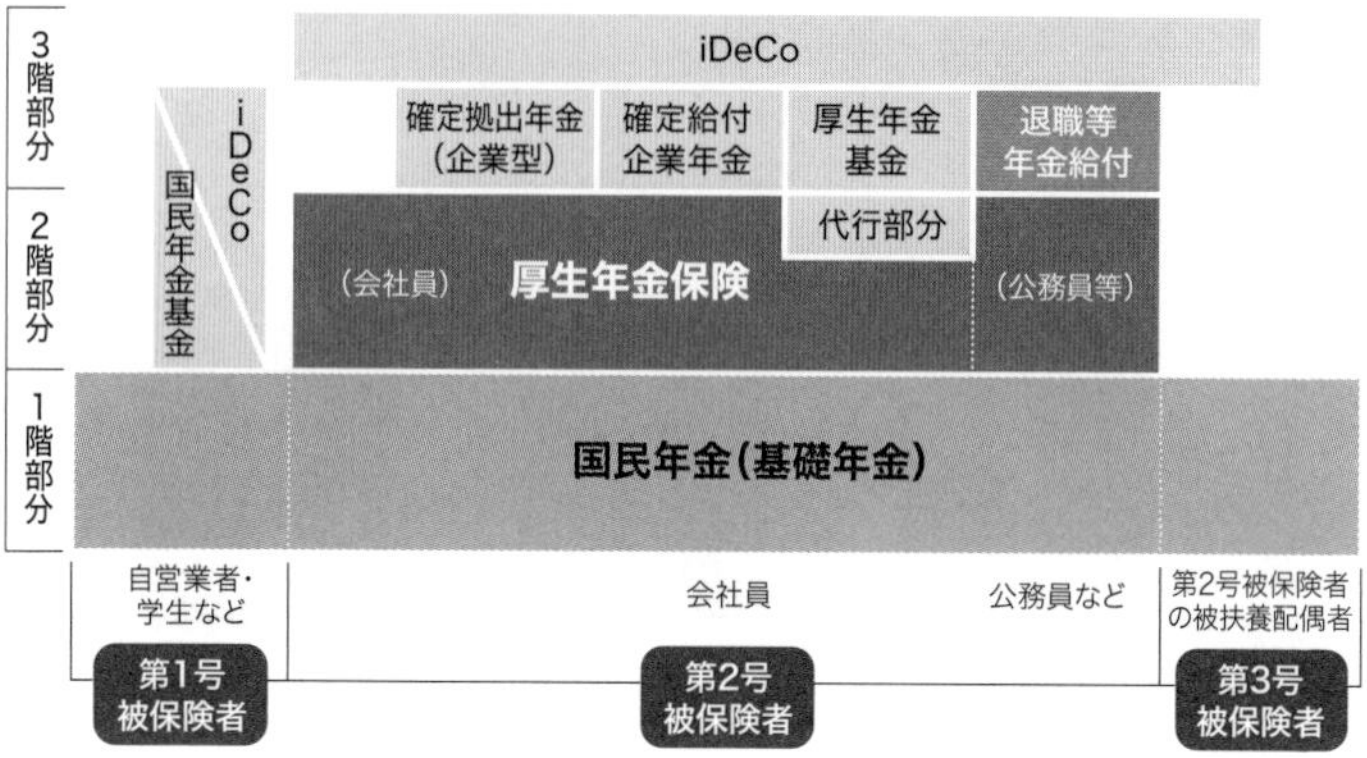

出所：厚生労働省サイト「年金制度の仕組みと考え方」などを基に作成

1人が2～3億円稼ぐとすれば、結婚して夫婦2人では約5億円。毎月その15％を貯めていくだけで、生涯では元本で7500万円になります。これを低金利の預貯金ではなく、もっと大きなリターンが見込める株式投資や投資信託の積み立てで増やしていけば、30～40年の間に元利合計で1億円を超えても全くおかしくありません。私は日経マネーで資産1億円超えの個人投資家に数多く取材してきましたので、「金融資産1億円」というのは決して夢まぼろしではないことも知っています。

そしてもう一つ、日本国民の強い味方が公的年金です。日本の年金は、主に自営業者などの国民年金（基礎年金、1階部分）、会社員や公務員の厚生年金（2階部分）という2階建て構造になっています（後述のｉＤｅＣｏなどを含め3階建てと呼ぶことも）【図表４】。

年金は老後の生活費を補完するものなので、額は決して多くはありません。25年度の年金支給額は、国民年金が月６万９３０８円、厚生年金のモデル世帯の額（夫婦２人分の国民年金を合わせた標準的な年金額）が月23万２７８４円です。しかし、公的年金が強力なのは「生涯年金」であることです。仮に90歳、１００歳とどんなに長生きしても、生きている限りもらい続けることができます。

例えば厚生年金のモデル世帯の23万２７８４円を、65歳から95歳まで30年間もらい続けたとしたら、合計では８３８０万円にもなります。前に、老後資金は約1億円かかるという話をしましたが、実はそのほとんどが公的年金でカバーできてしまうのです。こう考えると、社会に出て長く働き続けてきた人は、実はいわゆる「老後破綻」はしにくいのだということが分かるでしょう。

さらなる安心材料が、公的年金の受取額は自分の努力で増やせることです。なるべく長く働いて保険料を納め続けるか、受給開始を65歳以降に遅らせるのです。１カ月遅らせるごとに受取額は０・７％増え、その増えた額が生涯続きます。例えば厚生年金のモデル世帯の23万２７８４円も、65歳でなく70歳まで待てば33万５５３円に、75歳まで待てば42万８３２３円に増やせるのです。これだけの額が受け取れるのなら、１００歳までの老後も資金的にはそう怖くはないと思いませんか。

「でも、65歳以降の話はやっぱり遠すぎて実感がない。むしろ、まだ収入もないのに20歳になったら年金保険料を納めなければならないのが苦痛だ」と思う人も多いでしょう。65歳以降の老齢年金についてはそうでしょうが、年金とは実は「年金保険」なので、加入して保険料を納めておけば万一の事態への備えにもなるのです。それが「障害年金」で、病気やケガで仕事や生活に支障が出るようになった場合、現役世代であっても年金を受け取れます。大学時代のサークル活動やアルバイトでも大きなケガをする可能性はあるわけで、年金はそういう時にも役立つということです。誰のためでもない、自分の人生と長生きに備えるための年金なのですから、決して軽視せず、保険料は確実に納めましょう。

4. 資産形成、間違いのない方法とは

ここまでざっくりと「人生は結構お金がかかるけど、一方で稼ぎも意外と大きいのであまり心配する必要はない」という話をしてきました。ただし、それは無駄遣いをせずにしっかり資産形成を続けていた人の場合です。

とはいえ資産形成は難しいものではなく、特に今は昔にはなかった素晴らしい制度が2

図表5　新NISAとiDeCoの違い

	NISA		iDeCo
	成長投資枠	つみたて投資枠	
使える人	18歳以上の日本国内居住者		20歳～65歳未満の会社員・公務員と、国民年金（任意加入含む）に加入している自営業や専業主婦など
投資の目的	自由		老後資金づくり
非課税枠	年240万円	年120万円	掛け金の上限は、働き方などにより月2万～6万8000円
	生涯投資枠が1800万円（成長投資枠のみは1200万円）		
長所	2つの枠は併用可能で非課税保有期間は無制限。運用益や配当が非課税に		①掛け金が全額、所得控除される ②運用期間中は運用益が非課税に ③受け取り時にも税制優遇がある
買える商品	株式、投資信託、REIT、ETFなど	金融庁の基準に合う長期投資向きの投資信託	元本確保型（預貯金、保険）、投資型（投資信託）
中途引き出し	いつでも自由にできる		原則、60歳以降に引き出せる

出所：金融庁NISAサイト、iDeCo公式サイトなどより筆者作成

つもあるので、それらを活用するだけでも十分です【図表5、次ページ】。

その1つがNISA（少額投資非課税制度）で、投資で値上がり益や配当が出ても、通常は約20％かかる税金が「全くかからない」という世界的にも珍しい制度です。通常は株式投資で100万円の利益が出ても手元には約80万円しか残りませんが、NISA口座で買えば100万円が全部自分のものになるのです。しかも制約がかなり多かった23年までの旧NISAに比べ、24年からの新NISAは①制度自体が恒久化②非課税投資期間も無期限に③非課税投資枠も大きく拡大④つみたて投資枠と成長投資枠の2つができ、併用可能に――など、非常に使い勝手のいい制度に生まれ変わりました。

もう1つの優れた制度がｉＤｅＣｏ（個人型の確定拠出年金）です。皆さんが社会に出ると、会社によってはＤＣ（企業型の確定拠出年金）という制度を採用しているところがあると思います。ｉＤｅＣｏはこれの個人版で、ＤＣと共通の「3つの非課税メリット」を持っています。①掛け金が全額、所得控除される（自分が出した掛け金は課税対象から外され、その分の税金が安くなる）②ＮＩＳＡと同様に、運用期間中の値上がり益や配当が全て非課税になる③受け取る時にも「退職所得控除」などの非課税措置が利用できる――の3つです。

では、この2つではどちらを先に使うべきでしょうか。ＮＩＳＡが利用できるのは18歳から、ｉＤｅＣｏは原則として20歳からなので、今はＮＩＳＡしか使えない人もいるでしょう。仮に両方使えるとしたら、私はｉＤｅＣｏを優先した方がいいと思います。

ＮＩＳＡは投資の利益が非課税になる制度なので、買った株や投信が値上がりしていないとメリットがありません。しかしｉＤｅＣｏは加入して掛け金を出しただけで、所得控除の分だけ確実に得になります。ｉＤｅＣｏでは投信だけでなく、低金利下ではほとんどお金が増えない「元本確保型」（定期預金や保険商品）も選べるのですが、こちらを選んでも減税分だけ有利になるのです。ただしｉＤｅＣｏは老後資金づくりが目的なので、原則として60歳になるまで引き出せません。将来お金を使う予定がある人は「運用の目的は問わず、いつでも引き出し自由」なＮＩＳＡを選んだ方がいいでしょう。

こうした非課税制度の整備だけでなく、投資環境も急速に改善しています。ネット証券やスマートフォンによって、今はいつでもどこでも投資情報が得られ、道を歩きながら手数料無料で株が買えるようにもなりました（昔は株を1銘柄買うのに２５００円も手数料がかかったのです）。ＮＩＳＡで人気の「世界全体の株式に分散投資するインデックス型の投資信託」では、保有している間にかかる手数料（信託報酬）が０・０５７７５％といった極めて低い水準になっています。投資に詳しくない人でもＮＩＳＡやｉＤｅＣｏを使い、「毎月いくら」と金額を決めてこうした投信を買い続けていくだけで、大きな資産が作れる時代が来ているのです。

さて、間違いない投資には「長期・分散・積み立て」が大事です。分散とは文字通り投資する資産や国、業種などを分けることですが、より大事なのが長期と積み立てです。

長期の積み立てでは「時間」と「複利」の２つがキーワードになります。どんな有利な商品で積み立てても、1年や2年では大きな額にはなりません。でも時間を味方に付け、20年、30年と積み立てていくと、資産は想像以上に大きく増えていきます。収益を元本に加えて運用する「複利効果」が働くからです。雪だるまを転がしていくと周りに雪が付いて、最初

図表6　毎月3万円を40年間積み立てると…

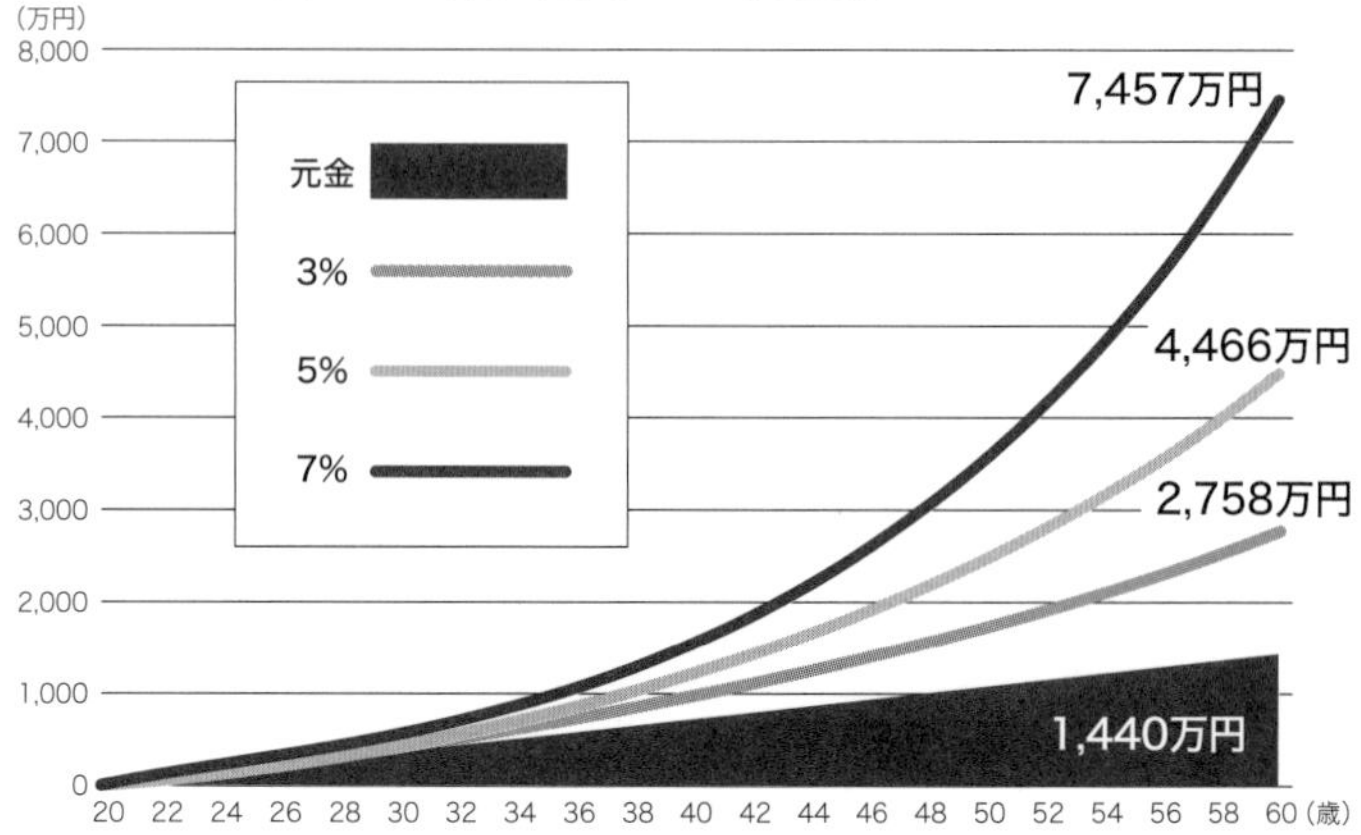

条件：毎月3万円を積み立て、期間中一定の利率で運用できたとする(税金は考慮せず)

のものよりどんどん大きな雪の固まりになっていきますよね。これが複利効果のイメージです。株や投信では短期的には相場次第でお金が減ることもありますが、20年以上といった長期で投資を続ければ、プラスで終われる確率は高くなります。

例えば毎月３万円を20歳から60歳まで、40年間コツコツ積み立てたとしましょう【図表６】。自分が出した元金は１４４０万円ですが、仮に毎年３％で運用できたとすると、40年後の元利合計は約２７５８万円とほぼ倍になっています。少し強気の５％で運用できたとすれば元利合計は約４４６６万円に、株式の長期的な期待リターンとされる７％で運用できたとすれば元利合計は約７４５７万円にもなるのです。

皆さんにはこれからリタイアまで40～50年

という長い時間があるのですから、思い切って資産形成を始めさえすれば将来の果実は約束されたようなものです。ただ、ここで「お金が1円でも減るのが怖い」と言って何も始めないと、かなりお金に余裕のない人生になってしまうのではないでしょうか。

最後に、NISAでもiDeCoでも肝心なのが「積み立てを始めたら、途中で金融ショックがあっても止めない」ということです。金融市場を襲うショックは10年に1度くらいの割合であり、24年8月5日にも日経平均株価が1日で4451円という史上最大の幅で下落したことがありました。本来、暴落というのは同じ価値があるものを安く買うチャンスでもあり、長期で積み立てをしている人ならさほど恐いものではありません。しかし新NISAで投資を始めた初心者はやはり怖くなり、資産を投げ売りしてしまった人もいたようです。

市場関係者は「特に理由なく下がった時は、急に回復することも多い」ことを知っており、事実、この時にも株価は翌8月6日に史上最大の上げ幅の3217円で急回復しました。リーマン・ショックなど過去の大きな金融ショックの時も、およそ4年半~5年で株価は元の水準に戻っており、そこで我慢して持ち続けた人たちが今、投資の果実を得ているのです。なので「なるべく退場せず、マーケットに長く居続ける」ことを意識してほしいと思います。

5. 日本は本当に「貧しく、先のない国」なのか

新NISAで積み立てを始めた人は、世界全体の株価指数や、S&P500など米国の株価指数に連動するインデックス投信を選ぶ人が多いようです。これはこれで賢い方法で、私自身も世界株インデックス投信で積み立てをしていますが、この中に占める日本株の割合はわずか5～6%程度です。日経マネーで日本株を応援してきた私としては「日本や日本株にももっと注目してほしい」と願っています。

日本人は悲観的な予測を好むので、メディアでは「日本は少子高齢化でもう未来がない。失われた30年でGDP(国内総生産)も頭打ちで、賃金も上がらず貧しい国になっている」といった論調が支配的です。若い人たちもそういう情報を多く目にするせいか、日本の将来に悲観的な人が多い印象ですし、「公的年金は破綻する」と思い込んでいる人にもしばしば出会います。

しかし、日本がそんなにダメな国なのであれば、なぜ日本株や日本国債は海外の投資家からこれだけ信用され、買われているのでしょうか。なぜ世界の主要通貨は米ドル、ユーロに続いて日本円なのでしょうか。外国人旅行者はなぜオーバーツーリズムと言われるほど日本に来たがるのでしょうか。

確かに日本はＧＤＰでは長らく世界2位だったのに、中国とドイツに抜かれて4位になりました。しかしそれは円安の影響や、「成熟国は経済規模が大きいので成長スピードが鈍る」というような話であり、順位の後退は国民生活の急激な悪化を意味するものではありません。むしろ2位の中国では厳格すぎたゼロコロナ政策や不動産バブルの崩壊の影響で景気が低迷し、大学生は卒業しても就職できないので実家に帰って「専業子供」をしているとか、公務員や民間の給料が何カ月も不払いで抗議行動が頻発している、といったニュースが聞こえてきます。ドイツでも移民問題などをきっかけにデモや暴動が起こったり、自動車業界で大規模なリストラが行われたりしているようですが、日本でそんな話は聞いたことがありません。

日本は他国に比べ経済や社会が安定しており、最近でこそ強盗が話題になっていますが治安もまだまだ良く、失業率が低い国です。むしろ人手不足が問題なくらいで、えり好みしなければ高齢者でもいくらでも仕事はあるでしょう。また日本政府や企業、個人が海外に持っている「対外純資産」は４７１兆円もあり、33年連続で世界第1位の純債権国です。人口も減りつつあるとはいえまだ1億２３５９万もあり、世界12位の規模です。これは内需で経済を回していけるだけ国内市場が広いことを意味します。賃金は確かに上がっていませんが、インフレへの転換を機にようやく上昇の兆しが出てきましたし、一方では物価上昇が他の国より小さいのも長所です。22年にはインフレ率が一時9％を超えていた米国では、今でもハンバーガーとドリンクのセットが日本円で数千円に値上がりしている現実があります。

他にも、個人金融資産が２１７９兆円もあって、実は資産1億円以上の富裕層の数でも世界2～3位の国だとか、年金積立金管理運用独立行政法人（ＧＰＩＦ）が運用している年金積立金（公的年金の不足を補うためのお金）は約２５２兆８６２３億円もあり、規模では世界最大だといったことも、事実なのにあまり報じられません。

いわば世界でも稀な「超安定国家」の中で、日本企業はより良い製品、サービスを開発して世界に打って出ようと挑戦を続けているのです。かつてのようなハイテク国家の印象は弱くなりましたが、素材や機械、半導体製造装置など日本が世界トップの業種も多くあります。ゲームやアニメ、日本食といった分野の競争力が高いのは皆さんの方がよくご存じでしょう。

かつての日本企業は国際的に見ても稼ぐ力が弱く、東京証券取引所からも「もっと資本コストを意識した経営をして、稼げる企業になりましょう」と異例の要請が出たほどでした。しかし近年は相当筋肉質な、稼げる体質に変わりつつあります。１９８９年末には日経平均株価が３万８９１５円を付けてピークとなり、以後34年間もそれを超えることができませんでしたが、今や年に何回も４万円を超えてきています。一方ＰＥＲ（株価収益率）という数値で見ても、89年当時には約60倍という異様な高さだったのが、現在は16倍前後と「説明可能な」水準に落ち着いています。つまり今の株価水準はバブルではないので、今後も企業努力によりもっと上昇していく可能性があるのです。

ですので私自身は世界株インデックス投信に加え、日本株インデックス投信もずっと積み立てています。皆さんも日本に関する悲観的な情報だけに踊らされず、良い面にも目を向け、投資を通じて日本企業を応援してもらえたらと思います。それは回り回って日本の景気を向上させ、社会人になった皆さんの給料を増やし、最終的には私たち全員の年金受取額を増やすことにもつながるからです。

6. 金融・経済は漫画でも学べる

最後に、私のもう一つの専門分野の話をしましょう。日本は漫画大国でもあり、単なる娯楽ではなく大人が読んで経済や金融を学べるものもたくさんあります。そこで私はＢＳテレ東の「日経モーニングプラスＦＴ」というニュース番組で「マンガで学ぶ」というコーナーを持ち、金融漫画の名作を紹介しています。例えば相変わらずＳＮＳ投資詐欺の被害が減りませんが、表で解説している『カモのネギには毒がある』や『クロサギ』を読むだけで

図表7 「読まないと損」な金融漫画の名作

タイトル	著者	学びのポイント
カモのネギには毒がある 加茂教授の人間経済学講義	甲斐谷忍 夏原武(原案)	変人で大金持ちの経済学者・加茂教授が、独自の理論と行動力でペテン師たちと戦う。人がなぜ詐欺やマルチ商法に騙されてしまうのか、行動経済学や心理学をベースに学べる。
クロサギ	黒丸 夏原武(原案)	詐欺師だけを騙す詐欺師のクロサギが主人公。ありとあらゆる詐欺の手口が描かれており、読めばよくある「うまい話」には騙されにくくなる。
ナニワ金融道	青木雄二	大阪の街金(庶民向けの高利貸)を描いた金融漫画の名作。高利でお金を借りる怖さ、裏社会や地上げの構造、お金の知識がないと誰かの食い物にされることなどが分かる。
正直不動産	大谷アキラ 夏原武(原案) 水野光博(脚本)	俗に「千三つ」(千話しても真実は三つだけ)とも言われる不動産業界の裏側と営業マンのやりがいを活写。不動産知識の宝庫で、マイホームを買う前に一度は読んでおきたい。
この女に賭けろ	夢野一子 周良貨(原作)	珍しい銀行漫画で、かつ女性行員の出世物語。バブル崩壊後の銀行破綻の様子や銀行員の働き方、巨大組織での生き残り方が学べる。
「カバチタレ」シリーズ	東風孝広 田島隆(原作)	舞台は広島の行政書士事務所。行政書士の仕事や法律職で働く面白さに加え、実生活で役立つ法律の抜け穴知識も学べる希有な漫画。

も「世の中には安全確実で儲かる話なんてないんだな」と詐欺に騙されにくくなるはずですし、『ナニワ金融道』を読めば高利の借金は怖くてできなくなるでしょう。上の作品は電子書籍で買え、純粋に漫画としても面白いものばかりですので、気軽に読んでみてください。

また表にはありませんが、『マネーの拳』『インベスターZ』など一連の三田紀房氏の作品、『銀と金』『カイジ』など一連の福本伸行氏の作品は、いずれもお金と人間の本質を鋭く捉えた名作ばかりです。併せて紹介しておきます。

参考資料

・月刊誌「日経マネー」（日経ＢＰ）
・日本経済新聞 電子版「マネーのまなび」セクション（日本経済新聞社）
・『日経マネーと正直ＦＰが教える　一生迷わないお金の選択』（大口克人・菱田雅生、日経ＢＰ）
・『楽天証券社長と行動ファイナンスの教授が「間違いない資産づくり」を真剣に考えた』（楠雄治・角谷快彦、日経ＢＰ）

講義9

多様性社会を生きる

日本経済新聞社 編集委員　石塚由紀夫

講義のポイント

・人は一人ひとり違います。それぞれの個性に優劣はなく、互いに尊重し合える社会が望まれます。
・「男なら泣くな」「女なんだから無理しなくていい」などと人を外形で分類し、価値観を押しつけていませんか？
・ダイバーシティ(多様化)は重要な経営戦略にもなっています。価値観が異なる人とも協調し、より大きな成果を生む姿勢が社会人に求められます。

1．日本における男女格差とは

●男らしさ、女らしさの呪縛

男性と女性、もし生まれ変われるとしたらどちらを選びますか？

アンケート調査でよく見かける質問です。性自認は男性か女性かの二択に限らないので「どちらでもない」といった第3の選択肢もありえます。いずれにせよ、この質問が古くから続く定番であるのは、男性か女性か、生まれ落ちる性によって生き方や行動に厳然とした違い・制約が存在している証しです。

顕著な例は性別役割分担です。夫が外で働いて生活費を稼ぎ、妻は家事・育児などを担って家庭を守る――という社会規範です。日本では戦後の高度経済成長期に浸透したといわれています。最近は専業主婦世帯は激減し、共働き世帯が数のうえでは大きく上回っています。それでも性別役割分担は令和の今になっても消えてはいません。

性別役割分担はそもそも誰にとっても好ましいライフスタイルなのでしょうか。出産できるのは女性だけだから女性が育児をするのは合理的だ――そんな主張もあります。でも出産する能力と育児の能力は必ずしも一致しません。すべての女性が子ども好きとは限らず、逆に子どもが大好きで育児に積極的に関わりたい男性もいるでしょう。まして掃除や洗濯、料理といった家事は性別にかかわらず、得意な人がいれば苦手な人もいます。仕事も同様です。バリバリ働きたい女性も、仕事よりも家庭に軸足を置きたい専業主夫志向の男性もいるはずです。

とかく人はカテゴライズ（分類）を好みます。男性か女性か、日本人か外国人か、理系か文系か、若者か高齢者か、東京出身か地方出身か……。カテゴライズがなされるや、個人はその人自身の個性や特性で見られなくなり、カテゴライズされた集団のイメージを投影されがちです。「男だから働いて稼げ」「女なんだから、仕事よりも家事・育児を優先すべし」といった具合です。属性で人を枠にはめ、管理・監督するのは集団を統率するのに便利でもあります。投影されるイメージがその人の望む姿と重なるならば問題はありません。でも、そうでなければ周囲からの決め付けは当人にとって窮屈でしかありません。

当たり前ですが、人は一人ひとりが個性を持っています。性別・性的指向や国籍、信仰・宗教、年齢、価値観といった個人の様々な多様性を互いに尊重して受け入れて、すべての人がありのままに自分らしく生きていける社会こそが理想です。それは個人の尊厳を守るためにも必須であるだけでなく、周囲からの過剰な決め付けが個人の行動や選択を狭めて、その人の才能や潜在能力の発揮を阻むのであれば国や社会など集団にとっても大きな損失だからです。

●日本の男女格差の実情

話題を男女格差に戻します。「男らしさ」「女らしさ」規範を押しつける社会は日本だけではありません。そして一般的に女性はどの国でも男性よりも行動や選択が制限され、不自由な生き方を強いられます。国際機関「世界経済フォーラム」（本部＝スイス）は毎年、世界各国のジェンダーギャップ（男女間格差）指数を算出します。2024年6月に発表したランキングによると、調査対象146カ国中、日本は118位で男女格差が大きい国に該当します。アメリカやイギリス、フランスといった主要国首脳会議（G7）加盟7カ国中、最下位です。

ランキングは①経済②教育③健康④政治——の4分野に着目し、管理職比率や賃金格差、進学率、識字率、国会議員の女性比率、健康寿命の男女差など14項目を指数化し、その平均値で付けます。指数は男性の現状を基準にし、男女差がなければ1・0を付け、男性の半分しか平等でなければ0・5を付けるといった具合に数値化します。日本の総合指数は0・663。世界トップ3のアイスランド（0・935）、フィンランド（0・875）、ノルウェー（0・875）に遠く及ばず、日本がいかに男性優位社会であるかがうかがえます。

特にひどいのは政治（0・118点）と経済（0・568点）の両分野です。教育（0・993点）と健康（0・973）はほぼ格差がないのに政治と経済における男女間不平等が日本の順位を著しく落とす元凶となっています。

この男女格差は現在大学生の方々にとっても他人事ではありません。大学を含む学校現場ではさほど男女格差を感じずに過ごしてきたことでしょう。でも就職して実社会に出ると女性には厳しい現実が待っています。統計データを基に雇用現場の実情をもう少し深く分析してみましょう。

図表1　就業者の推移

（15歳以上、総務省「国勢調査」）

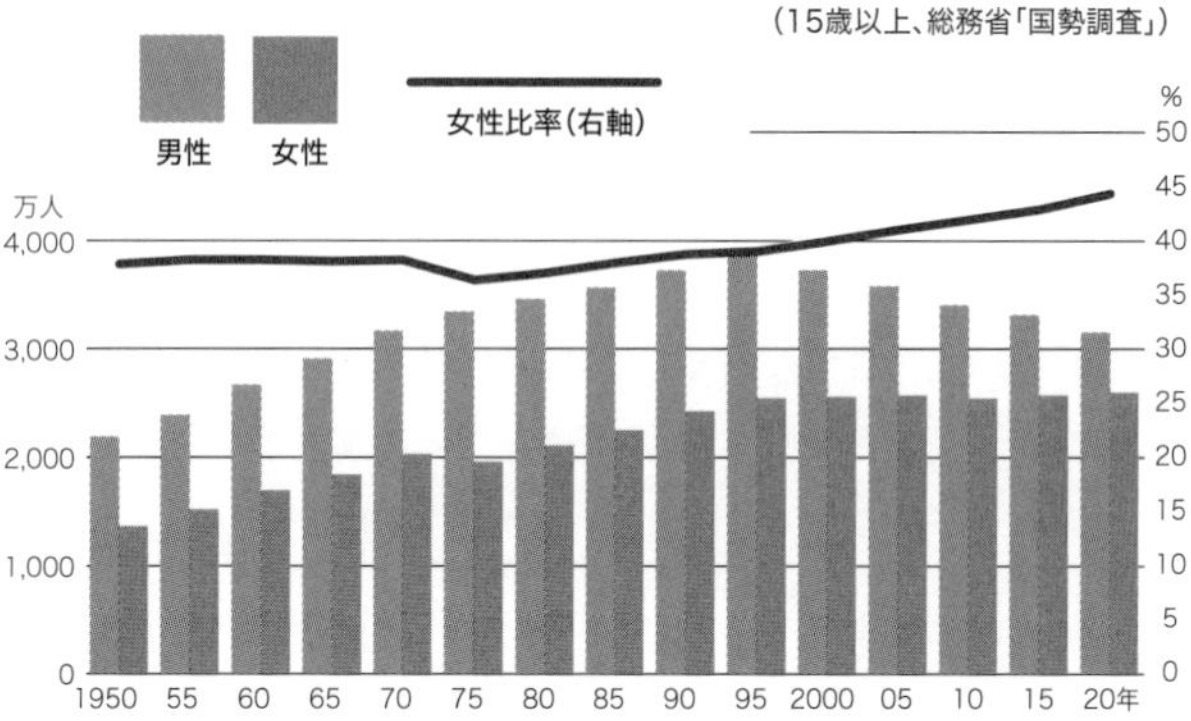

まずは図表1を見てください。国勢調査から1950年以降の男女別就業者数と就業者に占める女性比率を抽出しました。人口減に伴って総就業者数は減少傾向にありますが、女性就業者は増えています。性別役割分担意識が薄れるに伴って働く女性が増加してきたためです。昭和から平成に変わるころから、女性の大学進学率も上昇し、せっかく身に付けた知識や能力を活用して長く働きたいと考える女性が増えたことも影響しています。人手不足を背景に2014年以降、政府が女性活躍推進を政策の柱に据えた効果もあり、就業者に占める女性比率は45・4%にまで高まっています。

ただ働く女性が増える一方で、内実はいまだ男性優位です。主な項目の比較を図表2にまとめました。大学進学率や就職率（大学卒）に男女の大差はありません。ところが賃金や管理職比率、勤続年数などは御覧のような惨状です。

図表2　職場などにおける男女格差

	男性	女性	
大学進学率	60.7%	54.5%	文部科学省「学校基本調査」2023年度
就職率	97.9%	98.3%	文部科学省と厚生労働省「大学等卒業者の就職状況」2024年春卒業者（同年4月1日時点）
初任給（大卒）	24.03万円	23.43万円	厚生労働省「賃金構造基本統計調査」2023年
常用労働者月額賃金	35.09万円	26.26万円	厚生労働省「賃金構造基本統計調査」2023年、短時間勤務者は含めない
就業者	3150.1万人	2614.2万人	総務省「国勢調査」2020年
労働力率	71.6%	53.5%	総務省「国勢調査」2020年、15歳以上人口に占める労働者割合
非正規比率	17.3%	50.2%	総務省「労働力調査」2023年、雇用者のうちパートや派遣社員など非正規雇用の割合
平均勤続年数	13.8年	9.9年	厚生労働省「賃金構造基本統計調査」2023年
管理職比率（役員）	86.0%	14.0%	厚生労働省「雇用均等基本調査」、2023年度、従業員30人以上の企業等
同上（部長クラス）	93.6%	6.4%	同上
同上（課長クラス）	88.7%	11.3%	同上
育児休業取得率	30.1%	84.1%	厚生労働省「雇用均等基本調査」2023年度
週60時間以上働く人の割合	8.0%	2.2%	総務省「労働力調査」2023年
未婚率	28.3%	17.8%	総務省「国勢調査」2020年、50歳時の未婚率

●家1戸分の賃金格差

図表2では厚生労働省の2023年「賃金構造基本統計調査」から男女の平均賃金格差を単純比較しています。実際にもらう給料は学歴や雇用形態、年齢などによって異なります。そこで男女間賃金格差の実態をよく知るために同調査の年齢・学歴別の平均賃金を基に22歳から64歳まで正社員として働いた場合の生涯賃金（ボーナスと退職金は含めない）を試算してみました。結果は大卒男性が2億4998万円に対して、大卒女性は1億6558万円にとどまります。その差は約4000万円。東京都内では難しいですが、地方であれば家1戸購入できるくらいの生涯賃金格差が生じるのです。

男性の立場からみれば日本の企業社会は

女性と比べて稼ぎやすく、出世しやすいともいえます。こうした現状を先ほど「男性優位」と表現しましたが、実はその恩恵を受けるには代償が伴います。例えば労働時間の長さです。週60時間以上働く人の割合は男性8・0％に対して女性2・2％です。一般的に週の所定労働は40時間ですので、週20時間を超えて残業する男性が女性よりも4倍弱多いことになります。

●男性も感じる生きづらさ

残業が常態化していればその分、私生活に割ける時間は短くなります。ある程度の残業を前提に仕事の量も責任も上乗せされているので、男性は休もうにも仕事に追われて休みづらい状況もあります。そんな就労環境の男女差は育児休業取得率の差に表れます。育休取得率は女性84・1％に対して男性30・1％です。取得率の男女差もまだ大きいですが、より深刻なのは取得期間の差です。3カ月以上育休を取った人は女性では96・9％に上りますが、男性は13・9％にすぎません。赤ちゃんと共に過ごした時間は女性に大きく劣ります。共働きが当たり前の昨今、仕事を優先して家事・育児をおろそかにする男性は結婚相手として女性に敬遠もされます。そんな影響もあってか、生涯未婚率（50歳時点で結婚経験がない比率）は男性で28・3％にも上り、女性17・8％を上回ります。

人生において仕事に比重を置きたい男性にとっては、こうした男性優位の企業社会は望むところかもしれません。でも家庭や趣味、社会活動など仕事以外の領域も大切にしたい男性にとっては仕事優先を強いられる現状は生きづらさを覚えるでしょう。実は男性も女性と同様に性別役割分担の被害者でもあるのです。

2. 企業がダイバーシティに関心を寄せる3つの理由

●多様性の要素はほかにも

ここまで男女格差について論じてきました。ただ、多様性を分ける属性は性別だけではありません。「多様性」「ダイバーシティ」に関する新聞記事の本数を調べてみた結果が図表3です。日本経済新聞と朝日新聞、毎日新聞、読売新聞を対象にキーワード検索してみました。4紙に載ったダイバーシティ関連記事は2024年に約3500本に上ります。ここ10年の推移をみると関連記事は増加傾向にあります。ダイバーシティへの関心が社会全体で高まっている証しです。

関連記事が具体的に何をテーマにしていたのかを調べた結果が右側のグラフです。2024年でみると、女性（男女格差）が最多で3割弱を占めました。次いで外国人、LGBTQ＋（性的少数者）、障害者、シニア・高齢者と続きます。女性以外にも様々な多様

図表3　多様性／ダイバーシティに関する記事の掲載件数推移

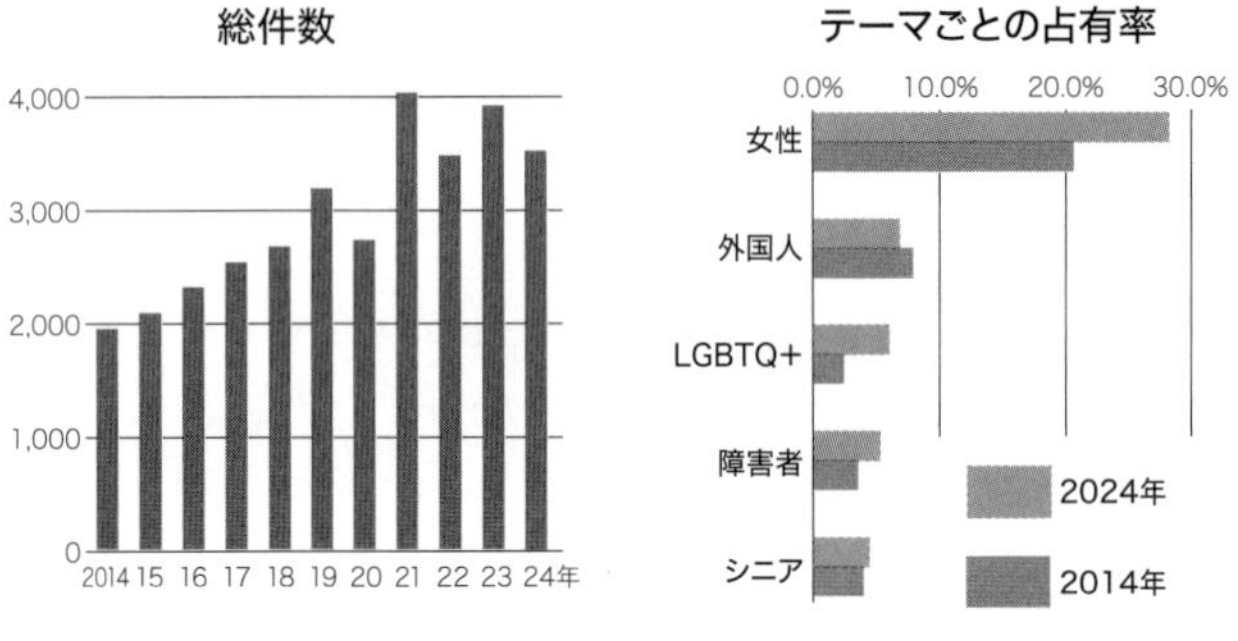

※日本経済新聞、朝日新聞、毎日新聞、読売新聞を対象に日経テレコン21でキーワード検索

性の要素が社会課題としてとらえられていることが結果から分かります。

●なぜ企業がダイバーシティに熱心なのか

特に昨今は企業がダイバーシティに強い関心を寄せています。社員の多様性を経営戦略の柱に据える企業も少なくありません。その理由は主に①倫理的な責任②人手不足対策③競争力の向上――の3つがあります。

まずは倫理的な責任です。企業は営利団体であり、事業を通じて利益を上げることが組織の大きな目的です。ただ企業といえども社会を構成する一員であり、社会的責任を負います。特に21世紀に入って以降、企業の社会的責任を厳しく問う見方が国際社会で高まりました。分かりやすい例は2015年に国連総会で採択されたSDGs（持続可能な開発目標）です。人類と世界全体が将来にわたって末永く繁栄を続けられるようにと2030年に向けて17の国際目標と具体的な169項目のゴールを定めました。SDGsは企業が果たすべき役割・責任も明示しています。

環境問題のほか、国家間の経済格差や貧困問題などは各国政府や国連の努力だけではもはや解決困難です。グローバル化が進んだことで企業は国境を越えて世界の隅々まで事業ネットワークを広げており、その影響力は甚大です。二酸化炭素の排出などが典型例ですが、個々の企業が自社の利益を最優先して利己的な経済活動を進めていくと世界全体の利益を損ないかねません。そこで営利団体である企業も今まで以上に社会的責任を負うべきだとする考え方が出てきました。基本的人権の尊重もその一つ。SDGs17の目標のうち「5．ジェンダー平等を実現しよう」「8．働きがいも経済成長も」がこれに該当します。

SDGsに法的拘束力はありません。趣旨に反しても企業は罰せられません。ただし、求められる役割・責任を果たさなければ社会的な信用を失墜し、顧客や消費者が自社製品やサービスを購入してくれなくなるなど経営に支障を来す恐れもあります。こうしたリスクを避けるためにもグローバル企業や大手企業などは人権を尊重して多様な人材が働きやすい環境整備に取り組んでいます。

●人口減少で職場の多様化は待ったなし

2つ目は人手不足対策です。日本の人口は2008年の1億2808万人をピークに減少に転じました。少子化は回復の兆しがなく、この先も人口は減少の一途です。人口減は労働力不足につながります。例えばリクルートワークス研究所は、2040年に日本全体で1100万人もの働き手が不足すると推計しています。仕事はあってもそれをこなす社員がいないために経営破綻する「人手不足倒産」がすでに広がっています。

日本企業にとっては今後いかに働き手を確保するのかは重要な経営課題です。その解決の糸口が多様な人材の活用です。男性に比べて働いていない人の比率が高い女性や、定年などで仕事を退いてしまった高齢者、そして日本で働きたいと希望する外国人などを積極的に雇っていかなければ経営が成り立ちません。もちろん働きたくない人に労働を強制はできません。でも実際は女性や高齢者、外国人の中には働く意欲も能力もあるのに就労機会を得られていない人が多数います。企業はこういった方々を積極的に受け入れようとしており、必然的に人材の多様化が進みます。

●集合知が組織を強くする

最後が競争力の向上です。企業が業績を上げる早道は他社にない優れた製品・サービスを開発し、販売・提供することです。優れた製品・サービスの立案に企業はしのぎを削っています。「3人寄れば文殊の知恵」という諺《ことわざ》があるように、1人で考えるよりも多くの人で考える方がより良いアイデアは生まれます。でも、ただ単に多人数の集団が良いのではなく、多様な人材がそろう集団ほど秀逸なアイデアは生まれやすくなります。

たとえば10人のグループを想像してみてください。全員が同じ環境で育ち、同じ経験・価値観を共有していると、10人いても一人ひとりの発想が似通って、出てくるアイデアも似通うでしょう。でも一人ひとりが異なる環境で育ち、異なる経験・価値観を有していれば出てくるアイデアも多岐にわたり、その多様なアイデアを様々な観点から検討・検証することでアイデアは一層昇華されます。

20世紀後半、日本はアメリカに次ぐ世界第2位の経済大国でした。それが21世紀に入ると、国内総生産（GDP）は中国、ドイツに追い抜かれいまや世界4位に落ちました。人口減少で国内市場が縮小している影響もありますが、世界に類を見ない製品・サービスを企業が提供できなくなっているのもその要因です。企業経営者も創造性の低下に危機感を持っています。多様な人材がその知性を持ち寄ることで集団全体の知性が高まる——これは集合知と呼ばれるものです。集合知を高めて競争力を強化するためにも企業はダイバーシティを無視できなくなっているのです。

3. 多様な人々が知性を持ち寄ってより大きな繁栄を築ける社会へ

●多様性の副作用

ここまで多様性社会の重要性、ダイバーシティが企業に及ぼすプラス効果を説明してきました。でも多くの事象に光と影があるように多様性の推進にもデメリットが存在します。一番の懸案はメンバー間の軋轢《あつれき》です。先ほど10人のグループを例示しました。メンバーが均一なグループからは多様なアイデアが生まれにくくなりますが、価値観や考え方、行動形式は似通っているため、意見の衝突は起こりにくいでしょう。逆に多様な10人が集まり、それぞれが自己主張し、ばらばらに行動するグループは集団としての一体感を欠き、メンバー同士が対立する場面も起きやすくなります。

ダイバーシティに熱心に取り組む企業現場では実際にそのような軋轢が生じています。例えば女性管理職登用を巡る男性の反発です。女性活躍推進の一環として国も、企業に女性を管理職に登用するよう促しています。ただ管理職に就ける人数は限りがあります。女性が優先されることを快く思わない男性も出てきます。「本来は僕が就くはずだった」と逆差別を訴えることもあります。

●子育てを巡る職場の対立

子育て中の社員と子どもがいない社員の間でも緊張関係が高まりがちです。少子化を背景に国も企業も仕事と子育てが両立しやすい環境を整えてきました。出産後の育児休業や子育て中の短時間勤務などを利用する社員が増えています。でもこうした制度を利用する社員がそれまで担当していた仕事は誰が肩代わりするのでしょうか。残念ながら代替要員を補充する事例は少なく、職場の同僚がカバーします。かつてならほとんどの社員は結婚して子どもを持つのが通例でした。そんな時代ならば「いずれ自分が子育てするときに助けてもらえる」と「お互いさま精神」が働きました。だけど昨今は生涯シングルであったり、結婚しても子どもを持たなかったりする社員が増えています。そんな社員が「なぜいつも自分たちが負担をかぶるのか」といった不満を募らせるのも不思議ではありません。

誰かを尊重しようとすれば他の人の権利を侵害しかねない——このように多様性社会の実現は容易ではありません。軋轢がみられるのは日本の企業社会に限りません。実は今、アメリカでも反ダイバーシティの風潮が高まっています。2025年1月に共和党のトランプ氏が米国大統領に返り咲きました。そこまでの4年間、政権を担った民主党のバイデン大統領はLGBTQ+（性的少数者）や有色人種らの権利擁護に取り組んできました。これを快く思っていなかった保守派がバイデン政権の進めてきた施策を覆そうとしています。

米小売り最大手のウォルマートや自動車大手フォード・モーター、二輪車のハーレーダビッドソンなどは企業として掲げていたダイバーシティ推進の方針を保守派の圧力を受けて撤回しました。

●より大きな繁栄のために

ダイバーシティの原点は１９６０年代の米国にあるといわれています。黒人差別撤廃を求めてマーティン・ルーサー・キング・ジュニア牧師らが主導した公民権運動です。平等実現を訴える活動は黒人に限らず、白人にも支持が広がり、１９６４年に公民権法が生まれます。肌の色に加えて人種や性別、宗教、出身国による差別を禁じる画期的な法律です。それから60年を経て、差別が完全に解消されないどころか、逆に反対派が勢いを増すとは悲しい現実です。

では多様化の道がそもそも誤っていたのでしょうか。私個人はそうは思いません。誰もが自分の幸せを追求する権利を有しており、誰かの犠牲のうえに成り立つ社会が理想の姿だとは思えません。ダイバーシティは集合知を高める効果があると先ほど紹介しました。画一的で硬直的な社会が良いのか、多様な人々が知性を持ち寄ってより大きな繁栄を築ける社会が良いのか。選択に迷う余地はないと思います。特に日本においては人口が激減していくなか、多様な人たちが活躍できる社会に転換しなければ国の活力を維持できません。

どうすれば互いを尊重し合えるのか。次世代を担う若い方々がその解を見いださねばいけません。

参考資料

・『多様性の科学』（マシュー・サイド著、ディスカヴァー・トゥエンティワン）
・『多様な社会はなぜ難しいか』（水無田気流著、日本経済新聞出版）
・『男性中心企業の終焉』（浜田敬子著、文春新書）
・『自分らしく働く　LGBTの就活・転職の不安が解消する本』（星賢人著、翔泳社）
・『ドリーム　NASAを支えた名もなき計算手たち』（マーゴット・リー・シェタリー著、ハーパーコリンズ・ジャパン）

人生と仕事と学びをつなぐ15の講義

18歳からのキャリアデザイン

第3章

働くことをイメージするために

講義10

仕事の魅力を知る

立教大学 キャリアセンター部長 首藤若菜／同大学 キャリアセンター

講義のポイント

・大学にはキャリアセンターがある。
・キャリアは人それぞれ違う。
・やりたいことは知っていることの中からしか生まれない。
・大学生活はチャンスの宝庫。

1．大学生になったら就活を意識しなくちゃいけない!?

大学生の関心の高いテーマの一つは就職活動ではないでしょうか。大学を卒業したらどうするのか？ということを考えたとき、働くんだろうなぁと漠然と考える人が多いと思います。そうすると必然的に〝就職活動〟を意識することになりますね。

近年、「就職活動は3年生になったら始めないといけない」「ガクチカには長期インターンシップのことを書いたほうがいい」「就職活動のために留学をしなくちゃ」「3年生になったら就職活動ができるように単位は早めにとっておいたほうがいい」といった噂がまことしやかにささやかれています。

就職活動は、人生の一大事ですし、こうしたら必ず成功するという必勝法があるものではないので、噂に振り回されるのもしょうがないかもしれません。でも、「よくわからないけどとりあえず動いとけ！」では、うまくいかないことも多いのではないでしょうか。

●大学にはキャリアセンターがある

「よくわからないけどとりあえず動いとけ！」ではうまくいかない。では、どうすればよいか……そんなみなさんの疑問に応えるために大学にはキャリアセンターがあります。

キャリアセンターという名前は耳にしたことがある人も多いのではないかと思います。「キャリア」という言葉からは、「キャリア・ウーマン」「キャリアアップ」「キャリア官僚」など職業に関するイメージを持つ人が多いので、キャリアセンターは、就職活動を始めたら行くところと思っているのではないでしょうか。

●キャリアセンターでできること

では、キャリアセンターではどんなことができるのでしょうか。

〈キャリアセンターでできること〉

1. プログラムへの参加
2. キャリア相談の利用
3. 求人情報・選考体験談の検索
4. 卒業生・内定者情報の検索
5. 『立教就職ガイド』の閲覧
6. 履歴書・ES作成ワークシート・選考管理シートのダウンロード
7. 過去プログラムの動画視聴
8. 図書の閲覧・貸出

これをみると、やっぱり就職活動が始まってからじゃないの？と思うかもしれませんが、そんなことはありません。一番最初に「プログラムへの参加」と挙げています。キャリアセンターでは、みなさんの大学生活の時期にあわせて、こんなことを考えてほしいな、こんな経験をしたらいいだろうななどと考え、それができるようなプログラムをたくさん実施しています。

では、どんなことを考えてほしいのか、どんな経験をできたらよいのか、なぜそんなふうに考えるのかなどをお伝えします。

2. キャリアとは

まず、「キャリア」という言葉の由来について考えてみましょう。「キャリア」の語源は、ラテン語で「車輪の付いた乗り物」を意味する「carrus（キャールロス）」だと言われています。この言葉がイタリア語で「carriera」、フランス語で「carrière」となり、「レール」や「コース」という意味を持つようになりました。そして最終的に、「キャリア」は「車輪が通った跡（轍・わだち）」を表す言葉となったのです。

文部科学省では、「キャリア」を次のように定義しています。

【個々人が生涯にわたって遂行する様々な立場や役割の連鎖及びその過程における自己と働くこととの関係付けや価値付けの累積】

これだけでは、ちょっとよくわからないと思うので、少し説明します。

図表1は、ライフキャリアレインボーといって、アメリカの教育学者スーパーによって考え出されたものです。

図表1　ライフキャリアレインボー

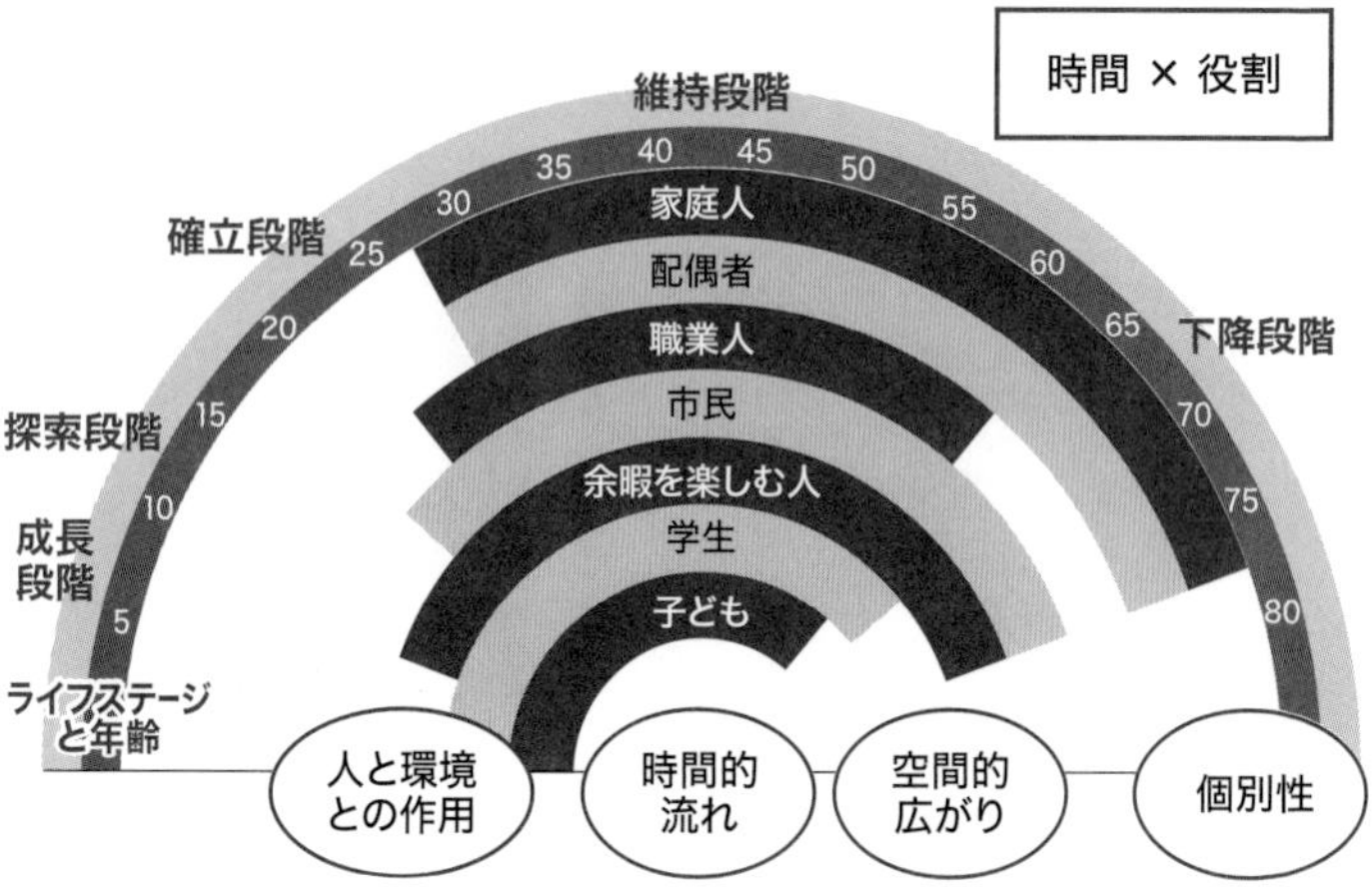

例えば、立教大学の1年生のAさんは、

- **立教大学の学生＝学生**
- **子ども**
- **市民**
- **余暇を楽しむ人**

といった役割を担っています。

社会に出ると、替わる役割もありますし、続く役割もあります。このように、人は生涯にわたって様々な役割を担い、また、複数の役割を担いながら人生を送ります。人間は、こうした役割、つまり様々なキャリアを虹のように積み重ね、時間や空間、場合によってそれぞれのキャリアを使い分けながら暮らしているという考え方が、ライフキャリアレインボーです。

こういったことから、私たちキャリアセンターは、キャリアをこのようにとらえています。

◆個人の人生そのもの
◆様々な経験や達成してきたことの積み重ね
◆経験に対する個人にとっての意味や価値
◆人それぞれ違う

そして、これまでの生活の延長上に今の大学生活があるように、大学生活の延長上に社会人としてのキャリアがあると考え、みなさんが自分自身の学生生活や将来といったキャリアについて、自分事として考え、〝就職〞のためだけではなく、〝より良いキャリア〞を築くために様々な体験をし、視野を広げてほしいと考えています。

●やりたいことは知っていることの中からしか生まれない

突然ですが、ここでひとつ質問です。

「100万円分の旅行券が当たりました！　どこに行きますか？」

少し考えてみてください。

答えは出ましたか？　その答えですが、行ったことがあって楽しかった所や行ってみたかった所、つまり、あなたが知っている所だったと思います。人は自分が知っていることの中からしか答えを見つけることはできないのです。

図表2　やりたいことは知っていることの中からしか生まれない

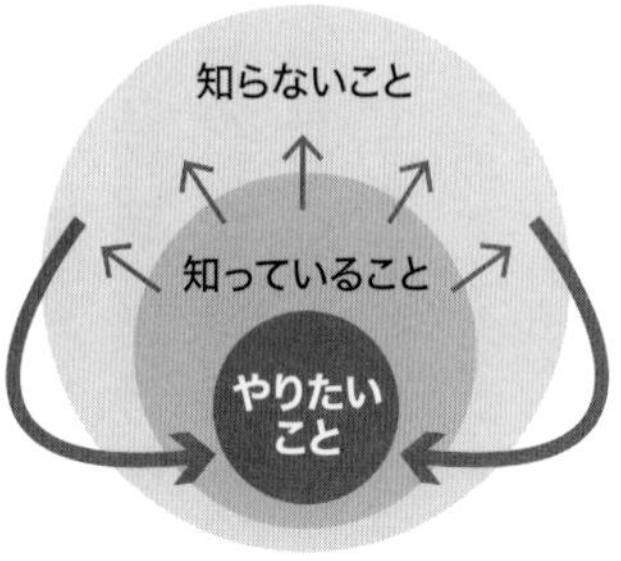

- 日本に企業は約360万社
- みなさんが知っている企業はBtoC企業
  （企業数&市場規模：BtoB企業＞BtoC企業）
- まずは先入観を捨てて業界を見る
  （よくある噂「業界は◯個までに絞らないとダメ！」）
- やりたいことが分からないのは知識不足が原因
- 多くの業界企業を見ることは納得した進路選択にもつながる

BtoB（Business to Business）＝企業と企業が取引するビジネス
BtoC（Business to Customer）＝企業が消費者と取引するビジネス

もうひとつ質問です。

「あなたが知っている企業の名前を1分間で思いつく限り挙げてください」

さて、いくつ挙がったでしょうか。

みなさんが挙げられたのは、ほんのわずかだったと思います。もちろん時間制限もあったので、まだまだ挙げられたという人もいるかもしれませんが、そんなにたくさんの企業は知らないということが分かるのではないかと思います。日本には、なんと360万もの企業がありますが、そのほとんどは知らないと言ってもいいと思います。また、その知っている企業の大半は、一般消費者向けにビジネスを行っているBtoC企業だと思います。例えば、食品や化粧品メーカーなどですね。企業数で言えば、BtoC企業よりもBtoB企業のほうが多いので、世の中にはまだまだみなさんが知らないい企業がたくさん存在するということが分かります。

この2つのことから、どんな仕事があるのか、どんな働き方があるのか、どんな企業があるのか…今、みなさんが知っていることはそんなに多くないことが分かったのではないかなと思います。

一方、見たことも聞いたこともない仕事や働き方なのに「やってみたい！」と思うことは不可能で、何かしら知っている部分があるからこそ「やりたい！」につながるということも分かったかなと思います。つまり、「やりたいことは知っていることの中からしか生まれない」のです。

知っていることが少ないと、どうしても「やりたい！」も少なくなってしまいます。たくさんの選択肢の中からこれはという「やりたい！」を見つけるために、来たる就職活動の時期までにみなさんに進めて欲しいことは「知っていることを増やす」ということです。

3．どのような大学生活を送るか

●学生時代と就職活動はつながっている

図表3　採用選考でよく聞かれる質問

「学業で力を注いだことは何ですか」

「学生時代に力を注いだことは何ですか」

「挫折経験はありますか。それをどのように乗り越えてきましたか」

「人を巻き込んで成し遂げたことはありますか」

「あなたの強みは何ですか」

「志望理由を教えてください」

少し角度を変えて、就職活動のことを考えてみたいと思います。

図表3に挙げたのは就職活動の採用選考で問われる代表的な質問です。

「学生時代に力を注いだことは何ですか」という質問は、「ガクチカ」と言われるもので、みなさんも先輩が言っているのを聞いたことがあるかもしれませんが、特によく聞かれる質問です。

こんなことが聞かれるんだと思うと、「すごいこと」をしなければならないと思うかもしれませんがそうではありません。企業は、「学生時代に何を頑張ったのですか?」と聞いていますが、実際は、その人が頑張ったことが何なのかを詳しく知りたいわけではありません。どんなことを頑張ったのかという事実ではなく、なぜ取り組んだのか、どのように取り組んだのか、どの程度取り組んだのかといった部分から、「どのような学生か」「会社ではどんなふうに頑張ってくれるのか」「一緒に働きたいと思える人か」などみなさんの人間性の部分を判断していく、つまり、潜在能力について知ろうとしているのです。

なので、学生時代には、先ほどの「知っていることを増やす」に加え、何かに一生懸命に取り組むという経験も大切になってきます。

●大学生活はチャンスの宝庫

では、どんな大学生活にすればよいか。

次頁の図表4のように、大学生活には様々なチャンスがあります。そして、それらのチャンスの多くは、やらなければいけないことではなく、やりたければできるといったものであったり、自分で決めることができるといったように自由度が高いものです。

いろいろな活動をすることで、みなさんは様々な人に出会ったり、いろいろなことを感じたり、考えたりすることができます。時には周囲の人とぶつかることもあれば、協力して困難な課題を乗り越えることもあるでしょう。

だから、大学生活では、どのようなことでもよいので自分なりに目標を持って取り組むこと、途中で失敗したり大変なことがあっても投げ出さずにやり抜くこと、それが大切です。興味を持ったことにどんどん挑戦してみましょう。

先ほど、やりたいことは知っていることの中からしか生まれないとお伝えしました。今

図表4　学生生活はチャンスの宝庫

✔ 大学生活には知らないことを知っていることに変えるチャンスがたくさんある
✔ 与えられるのを待つのではなく**自分で情報を取りに行く**

の時点で将来やってみたいと思うことが思い当たる人も、知らないだけでもっと他に興味を持つことがあるかもしれません。もし、今の時点で「やりたいことがない」と思っている人は、逆にチャンスかもしれません！　いろいろなことに挑戦し、知っていることを増やしながら将来やってみたいことを探していく過程を楽しんでください。

大学生は知っていることを増やすとてもいい時期です。卒業生訪問などをさせてくださる先輩はいくらでもいますし、大きな会社の社長さんでも時間を作ってくれることもあったりします。「学生時代に100人の社会人の方の話を聞く」という目標を立てて取り組んでみてもいいかもしれません。

社会で活躍している人々は、みなさんが考えているよりも、将来を担う若者に寛容で、期待をしてくれているので、ぜひその特権を活かして、世の中にはどんな仕事があるのか、どんな社会人が求められているのか、社会に目を向け、アンテナをはりめぐらせて情報収集してください。

そして、できるならば「安全基地」から一歩踏み出してみましょう。「安全基地」ってなんでしょう？　一番身近な「安全基地」は家だったりするのではないかなと思います。自分が慣れていて、安心して過ごせる、休める場所、高校生の時のクラスとか、部活とか、趣味の仲間とか、みなさんもホッとできる場所がいろいろあると思いますが、そういったものが「安全基地」のイメージです。

そこから一歩踏み出すことって少し怖かったりすると思うのですが、初めてのことに挑戦したり、自分とは価値観や立場の異なる人と話してみると、経験値が上がり、視野を広げることができます。

●計画された偶発性理論

さて、ここで補足説明として、「計画された偶発性理論」というキャリアの理論を紹介したいと思います。この理論はどういうものかというと、スタンフォード大学のクランボルツ教授がビジネスパーソンとして成功した人のキャリアを調査したところ、そのターニングポイントの8割が、本人の予想しない偶然の出来事によるものだったそうです。このことをきっかけに、クランボルツ教授は計画された偶発性理論を提唱しました。今の社会はめまぐるしく変化しているので、未来に何が起こるのか予想することは難しくなっていきます。キャリアに関しても、外的な要因で計画したとおりにいかないことも珍しくないでし

図表5　計画された偶発性理論（Planned Happenstance Theory）

- キャリアの8割は偶然で決まると言われている
- キャリアに満足している人は偶然を積極的に創り出し、自分の可能性を広げている
- 偶然を積極的に創り出すには、**好奇心、持続性、楽観性、柔軟性、冒険心**の5つの行動指針を持つことが重要
- 見通しのない将来に不安を抱きすぎても意味はない

スタンフォード大学　ジョン・D・クランボルツ教授

ょう。そのような時代背景で、「何をしたいかという目的意識に固執しすぎると、目の前に訪れた想定外のチャンスを見逃しかねない」とクランボルツ教授は指摘しました。じゃあ、何も考えずに生きればよいかというとそうではなく、様々なことに関心を持ち、自分から積極的に行動を続けることで、予想していなかった偶然やチャンスを掴める可能性が高くなる、つまり、偶然を自分で計画的に創り出すことが重要ということです。

少し長くなりましたが、この理論を理解したうえで立教大学を見てみると、立教大学では社会と接点を持てるプログラムをたくさん展開しています。

つまり、社会と接点を持てるプログラムが多いということは、キャリアにつながる「偶然」に巡り合えるチャンスが多いということです。偶然を自分で創り出すことはなかなか難しいですが、立教大学ではその偶然の機会をたくさん提供していますので、キャリアに満足できる、納得した進路選択ができる確率が高いということが言え

ると思います。

4. キャリアセンターのプログラムに参加しよう

●圧倒的な社会との接点

ここまでお話ししてきたように、キャリアセンターでは、「やりたいことは、自分が知っていることの中からしか生まれない」という考えのもと、学生時代に多くの業界や企業、様々な働き方に触れてほしいと考えています。それによって、みなさんの選択肢が増え、自分が納得できる進路選択につながるからです。そのため、知識を広げ、やりたいことを明確にするための様々なプログラムを提供しています。特に、単なる講義ではなく、実際に社会で活躍している人々と直接関わり、その生の声を聞くことができる機会を大切にしています。

●低年次から参加してほしいプログラム

ここでは、低年次から参加してほしいプログラムをいくつか紹介します。

スタディツアー

スタディツアー

このプログラムは、1・2年生を対象に、企業のオフィスを訪問できる貴重な体験を提供する内容です。協力してくれる企業には、ハイブランドの「クリスチャンディオール」、お菓子「コアラのマーチ」で知られる「ロッテ」、CMでおなじみの「ライフネット生命」、外資系ＩＴ企業の「日本ＩＢＭ」、そして大手不動産企業「野村不動産」など、多彩な業界の有名企業が名を連ねています。

訪問先では、社員が働く現場を見学したり、実際の仕事を体験できるビジネスゲームに参加したりすることができます。これにより、仕事のイメージが具体的になり、早い段階から社会を知るきっかけとなるでしょう。

大学3・4年生になってから働くことを考えるのが一般的ですが、立教大学では、低年次のうちから社会に触れる経験を持つことを大切にしています。このスタディツアーは、1・2年生限定の特別なプログラムで、将来を考えるきっかけとして最適です。早い段階で社会や仕事

RIKKYO卒業生訪問会

について知ることで、自分の将来像を考えるヒントを得られます。興味がある業界を発見するチャンスです。

RIKKYO卒業生訪問会

このプログラムは、立教大学の卒業生と自由に懇談できる貴重な機会を提供するものです。就職活動が始まると、インターネットや会社四季報を使って企業を調べる「業界・企業研究」を行うのが一般的ですが、実際にその会社で働いている人から直接話を聞くことで、より具体的でリアルな情報を得ることができます。

立教大学では、学生が早い段階から様々な働き方やキャリアの選択肢を知ることができるよう、「RIKKYO卒業生訪問会」を年に5回開催し、約100名もの卒業生が協力してくれています。

特徴的なのは、「NG質問が一切ない」ことです。給料や残業時間といった普段は聞きづらい質問から、「大学時代に何を頑張りましたか?」「仕事を選ぶときはどん

業界企業研究SPECIAL TALK

なふうに考えましたか?」といった就職活動前だからこそ知りたい内容まで、自由に質問することができます。そのため、参加した学生からは「ここでしか聞けない本音が聞けた」という声が多く寄せられています。

就職活動を始める前にこのプログラムに参加することで、社会人のリアルな経験や考え方を知り、大学生活の過ごし方や将来のキャリアのヒントを得ることができます。また、立教大学には、後輩を応援したいと考える卒業生が多くいます。そのネットワークを活用し、将来に向けた準備を始める絶好のチャンスです。

業界企業研究SPECIAL TALK

このプログラムは、IT業界、マスコミ業界、まちづくりの仕事など、毎回異なるテーマを設定し、それに関連する3~4社の企業に登壇してもらい、会社や仕事の内容について直接お話を聞ける機会を提供するものです。

例えば、同じ〇〇業界でも、企業ごとに取り組んでいる内容は様々です。そのため、このプログラムに参加することで、業界の幅広い視点を得ることができます。2024年度には、5つのテーマで合計17社が登壇しました。

就職活動が本格化する前にこのプログラムに参加する意義は、早い段階で超大手企業や業界を代表する企業の話を直接聞けることです。これらの企業の方々は非常に多忙ですが、「立教生のためなら」と特別に登壇してくださっています。また、プログラムをより充実させるためにプロのファシリテーターが司会進行を担当し、話をより深く、分かりやすく引き出してくれます。

就職活動を始める前に参加することで、自分の興味のある業界を深く理解し、視野を広げると同時に、将来の選択肢を具体的に考える良いきっかけになるでしょう。

5. まとめ

最初に、「大学生になったら就活を意識しなくちゃいけない!?」としましたが、ここまでの話の中で、就職活動は単なる通過点であること、大学卒業後も続くあなた自身のキャリアにとっては、大学生活全体が重要なことが分かったのではないかと思います。〝就職活動〟のために何かをしなければいけないではなく、知っていることを増やし、自身の選択肢を拡げるために、様々なことに取り組みながら、自分自身の未来を築いていってください。

講義11

会社で働くこととは

日本経済新聞社 上級論説委員兼編集委員
藤田和明

講義のポイント

・会社の仕組みを知ろう。資金を出し合って、大きな事業に挑戦する。
・会社は「生きもの」。時代の変化に柔軟に適応する力は大事な1つ。
・会社に関わるステークホルダーを知ろう。日本にある「三方よし」。
・自分の成長、社会への役割。働く意味を考えて会社選びに踏み出そう。

1. 会社とは何だろう

●どんな「会社」で働きたい？

大学生の皆さんもキャンパスライフが終わり卒業を迎えれば、それぞれが社会へ巣立つことになります。どんな職業について、働くことになるでしょうか。いろいろな道がありますが、「会社」に就職する人が多いことと思います。

就職活動を考えるとき、どんな会社を選びたいでしょうか。「いい会社」に就職したいな。そんな考えが思い浮かぶ人も少なくないかもしれませんね。でも、「いい会社」って、いったいどんな会社なのでしょう。

高いお給料をもらえる会社、みんなが知っている有名な会社、世界で活躍する大企業、最先端の技術を切り開くような会社、安定している大きな会社、休みが多く生活と仕事のバランスのとれる会社、小さくても若いときから活躍できそうな会社、自由闊達でフラットな組織の会社、人のために役に立てる会社、楽しい仲間に囲まれて働ける会社、自分のやりたいことを実現できる会社——。

こうして考えてみるだけでも、いろいろなイメージがわいてきます。もしかすると、いまある会社ではなく、自分自身の手で新しい会社を始めてみたい、なんて人もいるかもしれません。

●「会社」っていったい何だろう

まずは「会社」とは何かについてから考えた方がよさそうです。

みなさんの手元にあるスマートフォン。これを1人の手でつくることはできませんよね。小さい部品がたくさん入っています。部品1つ1つは誰かが作っているものです。優れた部品を集めて製品のスマホとして上手に組み立てます。できあがったスマホを売ってくれる人も必要になるでしょう。そして何より、役に立つアプリやゲームを作る人がたくさんいなければ、スマホを有効に動かすことはできません。

そうした大きなビジネスをするのが、「会社」という仕組みです。ビジネスを始めるにはまず会社をつくって、広く資金を募ります。それを元手にして働き手を集め、工場などをつくるわけです。そこでできあがった製品をたくさんの人に買ってもらう。そうしてもうけた利益を分け合う仕組みです。

●400年前の仕組みが現代も生きる

中学校や高等学校の歴史の授業で、「東インド会社」という名前を学んだ記憶があるでしょうか。でもそれがどうして教科書に載り、みなさんに広く知っておいてもらいたいのでしょう。400年前にできた東インド会社の仕組みが、現代も脈々と引き継がれて、そのまま生きているからです。

会社の形態として「株式会社」が最も多く使われていることを知っておきましょう。少額ずつでも、たくさんの人で広くお金を出し合えば、大きなお金になります。元手を大きくして、より大きな事業を手掛ける。それが株式会社で、資金の出し手が「株主」です。事業がうまくいき、もうけが出れば出資した分に応じて株主で分け合います。もし事業に失敗して

図表1　会社とは何だろう

株式を発行して広く資金を集め、それを元手に事業をするのが株式会社
400年前の仕組みが現代も生きる。新しいチャレンジをしやすい株式会社
優れた製品やサービスで顧客に喜んでもらい対価をもらって成長する
日本には会社が300万社。株式が日々取引される上場企業は4000社近く
大企業も最初は小さい会社。時代の波をつかみ適応してこそ大きく成長

も、最初に出したお金以上は損失を被らない約束です。この株式会社の仕組みのおかげで、いろいろなアイデアで事業にチャレンジしやすくなり、たくさんの会社ができて、世の中が発展してきたといえるのです。

●米国のアップルも最初は小さな会社

日本には会社がいくつあると思いますか。実に300万社以上あります。1人だけの会社もあれば、何十万人もの人が働いている大企業もあります。世界中でビジネスをしている日本のトヨタ自動車はグループ全体で37万人もの人が働いています。

スマホの「iPhone」を手掛けるのは米国のアップルという会社です。アップルの創業者はスティーブ・ジョブズという人でした。自宅のガレージで仲間とコンピューターを自作し、それを販売したのがその会社の始まりでした。それを出発点にして、たくさんの魅力的な製品やサービスを次々と出していき、世界中でアップルのファンを広げていったのです。つまり、どんな大企業でも、最初は小さな会社として、第一歩を踏み出しています。

●会社は「生きもの」

植物は種から芽が出て、枝葉を広げて大きな木になっていきます。会社もどこかそれに似ています。

最初は小さな存在かもしれませんが、優れた製品やサービスによって消費者に喜んでもらうことで、対価としてお金をもらい、会社はさらに成長していきます。お金が増えれば給料をたくさん出せますし、人を多く雇えるようになります。工場や店舗を大きくして、もっとビジネスを大きくしていくことができるでしょう。さらに新たな製品やサービスも開発して消費者に提案していけるわけです。残ったもうけはビジネスの元手となるお金を出した人と分け合います。

一方で、その逆もあります。ヒット商品を出すことができたとしても、その後なかなか消費者の心をつかめないままだと、その会社は徐々に力を落としてしまいます。会社は「生きもの」といわれるゆえんです。

2.「いい会社」とはどんな会社？

●会社に求められる役割とは

会社は何のために存在するのか。そんな問いかけもされます。どんな役割や責任が求められるのか、という問いかけに言い換えてもいいかもしれません。それも時代によって要請は変わっていきます。

米国ではこれまで、資金を出した株主の利益を最大化することが第一だとしてきました。著名な米経済学者ミルトン・フリードマン氏の主張でした。株主をいちばんに考えることで、会社として最も合理的な行動をとるはずだという考え方が主流だったのです。

でもどうでしょうか。会社は社会的な顔を持っています。企業が株主の利益ばかりを考えることの限界もみえてきました。所得や富の格差が世界中で広がっています。気候変動など環境問題も深刻さを増すばかりです。会社は、より多くの関係者（ステークホルダーといいます）に配慮すべきではないかと反省が起きているのが今です。

図表2　会社に求められる役割

米国は従来、株主の利益を最大化する「株主第一主義」が主流
しかし近年、富や所得の不平等、気候変動問題などに直面
従業員や顧客、地域社会などステークホルダーに広く配慮すべきとの考え方に修正
背景に持続可能な開発目標（SDGs）の考え方
日本は近江商人の「三方よし」（売り手よし・買い手よし・世間よし）

●日本にある「三方よし」の考え方

２０１９年には米国の経営者団体が、「ステークホルダー資本主義」を打ち出しました。会社には株主だけでなく、顧客、従業員、仕入れ先や地域社会それぞれに対して責任があると、軌道修正を宣言したのです。

日本には昔から「売り手よし、買い手よし、世間よし」の「三方よし」という言葉があります。江戸から明治時代に活躍した近江商人が大事にした理念です。商いがずっとうまくいくためには、自分たちが目の前のもうけを独り占めするのではなく、お客さんに心から満足してもらえる。また世間（社会）からも必要とされる存在でなければなりません。

まさに顧客や社会とともに繁栄する大切さを説いたのが「三方よし」の考え方です。それが現代でも大事だと再認識されているわけです。大手企業の中にも、「三方よし」を会社の理念として取り入れている例があります。

●未来から「会社」を考える

「いい会社」を見極めるのは実は大変難しいことです。ただ、10年、20年後にはみなさん自身が経済や社会の中心になります。そうなったときに社会に必要とされる会社だろうかと考えてみることはできます。

従業員を大事にしているか、取引先と良い関係を保っているか、環境に優しく地域社会にしっかり配慮しているか。そうした関係のうえで、自分たちの製品やサービスがお客様に支持してもらえる会社であることで、長く繁栄していけると考えるべきでしょう。自分さえよければいいと行動していては結局、長続きしないものです。

「持続可能な開発目標（ＳＤＧｓ）」という言葉を聞いたことがあるでしょうか。２０１５年に国連で採択されたもので、人類がこの地球で暮らし続けるために２０３０年までに達成すべき17の目標です。貧困や気候変動、人権など人類にとって取り組まなければならない重要な課題を掲げています。その会社はＳＤＧｓの達成に貢献しているか、そんな視点で考えてみてもいいのではないでしょうか。

●適応力を持っている「いい会社」

京都が発祥で５００年続く「虎屋」という和菓子店があります。おいしい羊羹《ようかん》でよく知られていますが、その歴史をひもとくとたくさんの発見があります。ずっと同じではない、ということです。

長らく京都を基盤にしていましたが、明治維新で首都が東京（江戸）になると、時代の先を読んで東京に出店します。そのあとも幾度となく困難に直面します。関東大震災や第２次大戦。そのたびごとに会社のあり方を見直してきました。和菓子の雑誌などもつくって、今でいえばＳＮＳのインフルエンサーに力を発揮してもらったりもしました。近年もフランス・パリに出店したり、新しい食感のスイーツを開発したりとずっと変わり続けています。

大事なのは虎屋がこうした努力を重ねてきた陰で、時代の変化に対応しきれずに、店をたたんだところの数の方が圧倒的に多いことです。

世界で猛威を振るった新型コロナウイルス禍は私たちの生活や社会のあり方を変えました。人やモノの流れが大きく変化し、苦境に陥った会社も少なくありませんでした。しかし環境の変化は、会社にとっての飛躍のチャンスにもなります。会社の仕事の仕方がリモートになるなど、デジタル化が急速に進みました。そのなかで新たなチャンスを見つけて成長する会社が次々と登場しています。

持続可能性（サステナビリティー）とは、「適応力」だと考えるべきではないでしょうか。未知なる環境になっても変化し、柔軟に適応していく力がある会社。しなやかで強い。そんなイメージにも近いといえるでしょう。

●視野を広く、時代の変化に敏感に

技術の進歩は私たちの生活を常に変えていきます。人類の長い歴史でいえば、火の活用、蒸気機関、電気など技術革新（イノベーション）による大きな時代の転換点がありました。最近ではインターネットの登場もその1つといえるでしょう。みなさんのご両親が若い頃には、スマホ1つで買い物や情報収集、音楽や映像鑑賞まで簡単にできる生活は想像がつかなかったと思います。

人工知能（AI）の進化は私たちの生活に少なからず影響するでしょう。ロボットや自動化、量子コンピューター、宇宙開発、バイオ技術、核融合など様々なフロンティアがあります。会社選びを考えるにあたっても、視野を広く持って、時代の流れに敏感であってほしいと思います。

3．自分が「成長できる」会社を見つけよう

●会社を調べながら自分を知る

就職を考えるとき、いろいろな会社を調べると思います。消費者に近い分野の会社であ

れば、製品やサービスが身近にありますし、イメージもしやすいでしょう。ただ、そうした会社ばかりではありません。会社同士のビジネスでも優れた会社が数多くあります。縁の下の力持ちのような会社です。

他社が簡単にまねのできない特定の分野に強みがある会社もあれば、幅広く事業を手掛けている会社もあるでしょう。創業１００年を超えるような会社もあれば、できて間もない若い会社もたくさんがんばっています。

会社を調べるうちに、次第に「自分がやりたいこと」に重なる会社が見え始めるかもしれません。就職活動自体が、自分を知るひとつのプロセスといってもいいかもしれません。

以前なら、一度就職するとずっとその会社に勤めるということが普通でした。しかし変化の激しい時代になって、「この会社に就職すれば安心」とはいかなくなっています。会社そのものも変わっていきますし、世の中自体が変わっていきます。

一方で長い人生の中で、あなた自身の考え方も変わっていくかもしれません。以前と違って、転職や副業なども当たり前になってきました。自分自身の生き方と、会社との関わり合い方も変わっていくものと思っておいた方がいいでしょう。

●自分が「成長できる」会社という視点

「働く」とはどういうことでしょう。会社に入って、言われたことをしてお給料をもらう。

それだけでしょうか。

働くということは、自分が能力を発揮して、その報酬をもらうこと。そう考えてみてはどうでしょう。世の中になんらかの価値を届ける。そんな働き方をするためには、積極的に会社の中で関わっていくことも大事になりますし、自分の能力を高め、磨き続ける努力も欠かせません。働くことを通じて自分自身が成長できる。そんな実感を持てる会社に勤めることができれば、理想の働く姿に近づけるのではないでしょうか。

みなさんが社会に出て行くのはこれからです。会社に勤めれば、今までなかった、いろいろな人との関わりもあることでしょう。いつも思い通りにいくとは限りません。一方で、新しい自分を発見していく場面もあることでしょう。会社が変わっていく話をしましたが、みなさん自身も変わっていく。何か1つの正解があるものではないでしょう。一人ひとりが自分を高めながら切り開いていければいいな、と思うのです。

自分はどんな働き方をしたいのだろう。自分が社会で果たす役割は何だろうか。そうした問いを第一歩にして、会社選びを考えていってもらいたいと思います。

4. 会社の「株価」とは何か

●株価は会社の活力を映す「体温計」

ここからは、会社の「株価」について考えていきたいと思います。日々の経済ニュースで「日経平均株価が上昇」とか、反対に「日経平均株価が下落」といった報道を耳にすることがあると思います。なぜ株価に注目するのでしょうか。

株価とは、その文字の通り、株式の価格です。株式会社についてのお話をしました。たくさんの人がお金を出し合って事業を行う仕組みが株式会社ですが、その持ち分である株式が日々売買されて、値段がついているのです。

株式の価格ですから、ほしいという人が多ければ上がり、少なくなれば下がります。この会社のビジネスはとても有望で、どんどんもうけが増えそうだと期待が高まれば、株価が上がります。逆に、最近は優れた製品やサービスが少なくなって調子が悪そうだなとみられると株価は下がります。

それぞれの会社からすれば、毎日、株価という通信簿がついていると考えるとわかりやすいかもしれませんね。全体の株価の動きは、企業活動や経済が活発であるかどうかを測る「体温計」といえます。金融や投資に携わる方だけでなく、株価は皆さんの生活にも実は深く関わっています。

●日本を代表する企業を選んだ「平均株価」

日本には300万を超える会社があるとお話ししましたが、このうち4000社近い会社の株式が東京証券取引所に「上場」されて売買されています。東京・豊洲市場などの「競り」の場面を見たことがあるでしょうか。それと同じで、売り注文と買い注文が証券取引所に集められ、日々刻々と上場企業の株価がついています。

その4000社の中から代表的な225社を選んで、株価の平均値として算出したものが「日経平均株価」です。それ以外にも、より広く上場企業全体としてとらえる「東証株価指数（TOPIX）」といったものもあります。こうした株価指数の動きをまず見ておけば、日本の株式市場の大きな流れをつかむことができます。

就職先を考える際、関心を持っている企業が上場企業であれば、その会社の株価の推移を調べてみることは大変参考になります。その日ごとの値動きというよりは、3年、5年、10年といった長い期間でみた株価のグラフの向きをたどってみるのです。

株価が長期で上昇傾向にあるか、あまり変わらず横ばいか、逆に下がっているか。それはどうしてだろう、と考えて、調べてみるのです。ライバル企業の株価や全体の動きである日経平均と動きを比べてみるのもいいでしょう。同じような事業をしている会社であっても、実は株価の勢いが違うといったことも起きていることに気づくと思います。

●将来にわたって稼ぐ力が会社の価値を決める

株価のグラフをみると、割とジグザグで上下に揺れ動いていることに気づくと思います。株式の売買をする際には、個々の企業のことはもちろん、会社を取り巻く日々の環境の変化によっても、見方が変わってくるからです。

会社の成績である決算の中身、新しいサービスの発表、会社そのものが買収されるとの報道があった――など材料はいろいろあります。同時に、日本国内の景気はどうか。日本経済がデフレを抜け出す流れは本物か。海外に輸出している会社なら、米国や中国などの景気も気になります。日本円と米ドルとの為替レートの変化も会社のもうけを左右します。政治情勢もビジネスにとっては大事な要素です。

めまぐるしく動く株価はその瞬間ごとの評価ですが、会社の本質的な価値を決めるものとは何かと考えておくことは大変重要です。少し難しい説明になりますが、「会社が将来にわたって生み出す現金の総和」をもとに考えるのが基本です。優れた製品やサービスにお客さんは喜んで対価を払ってくれますね。今後もずっと現金を稼ぐ力を高め続ける力があるかどうか。それが会社の持つ本質的な力と考えるべきでしょう。

売上高や社員の多さなど会社の規模はもちろん大事ですが、利益が着実に伸びているか、効率的に利益を上げているかは重要な点です。同じ事を続けているだけでいいでしょうか。常に先を考え、新たな研究開発や設備投資などを怠ってはいけないでしょう。また社員の教育や働きやすい環境づくりを欠かさず、優れた人に集まってもらえる経営が欠かせません。むしろいまは小さくても、若々しい企業の方が魅力的で将来有望だという評価もあるわけです。

●会社は栄枯盛衰、時代ごとに主役も変わる

会社は「生きもの」というお話をしました。株式市場がまさにそれを映し出しています。企業の評価を示す数値として「株式時価総額」というものがあります。発行されている株式数に株価をかけたもので、つまりその会社まるごとの金銭的な時価になります、

2024年の世界の株式市場で1つ驚くべきことが起きました。従来の世界の時価総額トップ企業といえば、米国のアップルとマイクロソフトの2強でした。それに肩を並べる3社目の企業が急浮上してきたのです。人工知能（AI）向けに強い画像半導体を手掛ける米国のエヌビディアです。

エヌビディアはAI時代のまさに主役の1社とみられています。世界中の人が同社製の半導体が欲しいと列をなし、売り上げも利益も、ここまで倍々ゲームで伸びてきたのです。

図表3　米エヌビディアが株式時価総額でトップ企業に肩を並べる存在に

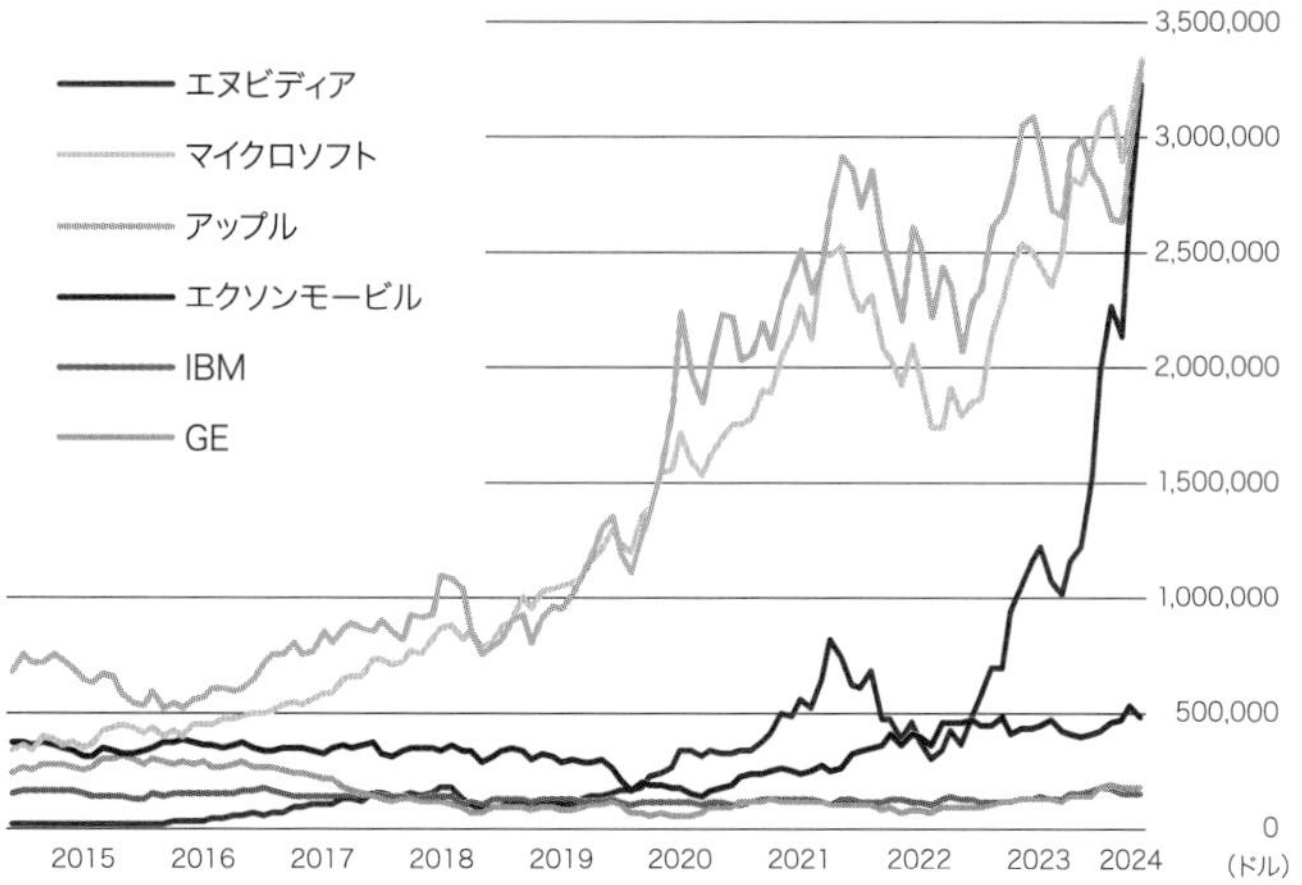

米国の産業史を振り返れば、チャンピオン企業は常に入れ替わってきました。自動車の時代のゼネラル・モーターズ（GM）、コンピューター勃興期のIBM、複合企業（コングロマリット）時代のゼネラル・エレクトリック（GE）、石油時代のエクソンモービル、PCの登場で躍り出たマイクロソフトと王座を奪い合ってきました。そして今はアップル、マイクロソフト、エヌビディアが競っているわけです。栄枯盛衰、王者もまた永遠ではないのです。

●日本の会社も主役は変わってきた

それは日本も同じことがいえます。戦後の主役企業、大学卒の人たちが憧れた企業の顔ぶれも、どんどん変わってきました。

戦後直後は繊維産業、そして鉄鋼など重

化学工業、そのあとは電気機器、そして金融へと移っていきました。１９８９年末、当時のバブルの頂点では、日本企業の時価総額の１位はＮＴＴ、２番手以降には銀行がずらりと並びました。

しかしその後バブルが崩壊することは、みなさんも知るところです。銀行は苦境に陥り、たくさんあった都市銀行は３つに集約されました。そして現在は、世界で競争力の高いトヨタ自動車が時価総額トップとして日本をリードしています。

ですので、そのとき輝いてみえる企業も決して永遠とはいえないということです。次の時代をリードしていく新しい主役になる会社が必ず現れてくるのです。

日本を代表するソニーもホンダも楽天も、最初はみな小さな会社からスタートしました。みなさん自身が起業家となって新しい会社をつくる１人になることもまた、道の１つです。ユニークな事業のアイデア、新しい技術やサービスで顧客や社会の課題を解決していく。そんな挑戦もまた期待されるところです。

●自分が「株主」＝会社のオーナーに

もう１つ、家計の視点からも会社と株式市場について考えておきましょう。

みなさんが働いて手にした給料はどうしたいと思いますか。生活費や趣味、自分の勉強。でもぜんぶ使い切ってしまうわけではないでしょう。将来、結婚をして家庭を持つかもしれないですね。住む家、子育て、自動車。まだずいぶん先ではありますが、老後のこともいずれは考えるでしょう。

例えば毎月決まった金額を銀行の預貯金に回す方法があります。わずかずつかもしれませんが、預貯金には金利がつきます。それだけではなく、投資に回すことも選択肢になるでしょう。その方法として株式などへの投資があります。

株式会社の仕組みについてお話をしました。会社との関わり方は、働き手としてだけではありません。自分自身が会社への資金の出し手の側になる、すなわち「株主」＝会社のオーナーの1人になる方法があります。少額からでも、自分が有望だと考える事業に投資できるのです。

その会社が毎年の決算で利益を出せば、株主には配当金が支払われます。事業が順調に成長していけば株価も上がり、高くなったところで売却できれば、売却益になります。

●働き手であり、資本の出し手でもある

直接的に株式に投資する以外に、みなさんが将来の年金を受け取るために支払っている掛け金が、株式で運用されていることも知っておきましょう。日本企業が全体として活気があり、株価が持続的に上がって配当金も増えていくことが、みなさんが受け取る年金の額を増やしていくことにもなるのです。

投資から得る所得が増えて、将来の年金も手厚くなると考えれば、家計の消費もしやすくなります。お金に働いてもらう、そんな言い方もできると思います。

会社とみなさんとの関係でいえば、給料をもらう働く場所であるだけでなく、同時に自分自身が資本家という顔もあるわけです。その意味でも、会社と自分たちの生活とは密接に関係しています。就職活動はもちろんのこと、広い視野を持って会社の活動や経済の動向全般に関心を持つことの大切さを知っておいてほしいと思います。

参考資料

・『会社のことよくわからないまま社会人になった人へ』（池上彰著、ダイヤモンド社）
・「会社って何だろう？　現代も生きる『三方よし』　学びのツボ　自ら成長できる場に」（2023年7月5日、日本経済新聞朝刊）

講義12

消費をつかむ

日本経済新聞社　編集委員　田中陽

講義のポイント

・消費活動は学生の皆さんにとって、とても身近な存在です。
・一人ひとりの消費は小さなものですが、その集積が社会を動かす力になります。
・消費を増やすための切り札は所得を増やすことです。
・長い期間のデータで消費構造の変化を知ることができます。

1. 消費の基本的なことを知ろう

●自分の生活に落とし込めば消費は理解できる

みなさんは「消費」という言葉をどのように理解しているでしょうか。日常生活に落とし込めば、日々の買い物のことです。スターバックスでラテを頼んだり、学生食堂でカレーライスを注文したり、生協で書籍を購入したり、ユニクロでジーンズを買ったり、ネット通販でお気に入りの雑貨を購入したりすることもすべて消費です。企業や政府も商品やサービスを購入し消費活動をしていますが、ここでは主に個人や家計を中心とした買い物の消費活動についてお話ししたいと思います。

わたしたちはなぜ、消費をするのでしょうか。「お腹《なか》がすいた」「暑がりだから、薄手のジャケットを買いたい」「いろいろな機能があるスマホ（スマートフォン）がほしい」「みんなから『いいね』といわれるような洋服を着てみたい」。こうしたことは人それぞれが抱く欲望です。消費とは欲望を満たし、購入した人に満足（効用）をもたらしてくれるものなのです。

欲望のほかに、消費はわたしたちのお悩みを解決してくれることもよくあります。調理などの家事の時間を短縮してくれる冷凍食品や加工食品、家事代行サービスや宅食サービス、所有したくなく必要なときにしか利用しないシェアリングサービスなどがあります。

エアークローゼットという洋服のサブスクリプションサービスがあります。契約内容にもよりますが、1度に3着の洋服が届く標準的なサービスでは、2着は事前に利用者の好みを聞いていて、それに沿った洋服が届きます。もう1着は利用者がまだ気がついていない潜在的なニーズをくみ取った、目新しい洋服が届きます。自分では「絶対に買わない」、「袖を通さない」洋服を大学や職場に着ていき、周りから「いつもと違って似合っているね」といわれるとうれしいものです。もし、その洋服のブランドを本当に気に入れば、実際にそのお店で購入することもよくあるそうです。気づきを与えてくれることも消費の力なのです。

一方で、わたしたちには人間としてふさわしい生活をする権利があります。日本国憲法の第25条で、「すべて国民は、健康で文化的な最低限度の生活を営む権利を有する」と定めています。生存権ですね。消費とは、この権利を具体的に実現するための手段でもあり、とても重要な要素です。

●消費にはいろいろな側面がある

消費活動はわたしたちにいろいろな顔を見せてくれます。まずは、言わずもがなですが「経済的側面」です。消費活動はマクロ経済の国内総生産（ＧＤＰ）の５割強を占め、ＧＤＰを構成する最大勢力です。経済の健康状態を示す重要な指標で、２０２４年のＧＤＰは６０９兆円で消費を表す家計最終消費支出は３２０兆円でした。

次に挙げるのは「社会的側面」です。消費活動は生活水準や生活の質を向上させる手段でもあります。先に述べた欲望は食品、衣類、住居、医療、教育などの消費につながり、日常生活をより豊かに、文化的で人間的に充実させることになります。消費は文化やライフスタイルを作り上げる力があり、生活自体を各人の価値観を反映させ、より自分にふさわしい生活空間を創り彩ってくれます。特定のブランドを選んでアイデンティティを表現することもあります。最近では消費活動が家族、友人など周囲の人々の消費にも大きな影響を与えています。特に、X（旧ツイッター）などのソーシャルメディアを通じて情報を発信したり、逆に、評価やレビューを参考にしたりして消費することもあります。

近代マーケティングの父と言われるフィリップ・コトラー氏は、マーケティングについて「世の中をよりよき方向に向かわせるもの」と定義しています。まさに消費活動はよりよき社会実現に向けた大きな動きなのです。

消費活動の「環境的側面」も見逃せません。SDGs（国連が定めた持続可能な開発目標）を意識した最近の消費者は、商品やサービスを購入するときに「これを手にすることが地球環境にとっていいことなのか」「持続的な取り組みから商品が作られているのか」ということを考えることが大変多くなっています。ユニクロの製品は究極のリサイクルを目指していて、持続的なもの作りの結晶が同社の製品なのです。つまり、一人ひとりの小さな消費活動であっても地球規模の環境対策に大きな貢献をしていることになります。

「文化的側面」もあります。消費活動が文化や社会慣習、伝統、価値観にも影響を与えています。文化的な祭り、イベントは消費を刺激します。クリスマス、ハロウィン、ブラックフライデー、恵方巻きなどでは関連する商品やサービスの需要が高まります。消費者の価値観、信念も消費活動に大きな影響を与えているといえるでしょう。健康志向の高まりによ

図表1　家計の目的別最終消費支出の構成

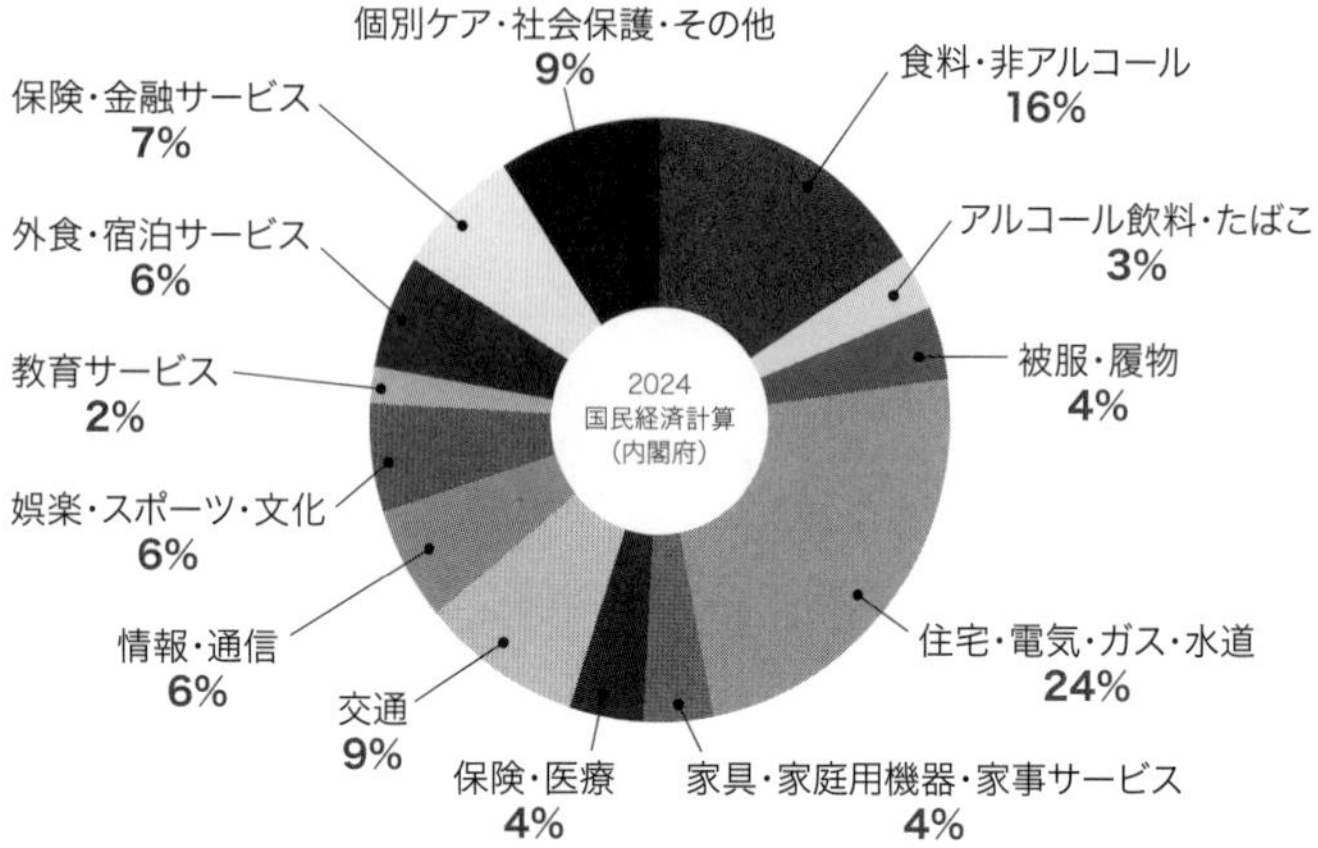

ってオーガニックや無添加食品などが人気となり、食品の選び方も変わってきています。

映画、アニメ、音楽などによって消費が活発になることもよくあります。人気作品のキャラクター、撮影場所が聖地（観光地）となって訪れる人が多くなります。また食文化という言葉があるように、食には地域ごとに独自の味覚、食材、料理法があり定着しています。一方で、食のグローバル化も進み、世界中の特色のある料理も身近になっています。消費は奥深く、いろいろなところで多様化していることを示してくれています。

GDPの5割強を占める個人消費は、多くの企業による生産活動と雇用を支えています。食品、日用品、生活雑貨、衣料品、家電、自動車、農業、漁業などの消費があってこそ、成り立つものです。つまり消費と生産は表裏一体の関係にあります。

図表1のように個人消費の内訳は食料・非アルコールが約16%、住宅・電気・ガス・水道は約24%、交通が約9%、個別ケア・社会保護・その他が約9%、保険・金融サービスが約7%などとなっています。

消費の種類について説明します。消費は大きく3つに分かれます。まずは、自動車、家電、家具などのように比較的長期間にわたって使用する耐久財です。長期間使用するものですので高額なものが大半で、購入頻度は少なく、メンテナンスや修理が必要なものになります。

耐久財とは反対に、短期間で消費される商品を非耐久財と呼びます。食品、飲料、日用品、衣料品などがそれにあたります。こうした商品は数日から数カ月で消費され、安価で、定期的または頻繁に購入されるものが多いです。

3つ目はサービスです。サービスとは形のない〝商品〟であり教育、交通・通信、エンターテインメント、医療、観光などが含まれます。サービスは提供されると同時に消費されます。交通やレストランでの食事を思い描いてみてください。サービスは提供する側の技術によって品質が大きく変わります。マッサージ師や調理人の当たり外れによって満足（効用）に大きな違いが出ることがあります。

2．消費の変動の仕組みを知ろう

では消費は、どのようなことで変動するのでしょうか。まずは、所得です。所得が増加すると消費が増加する傾向があり、逆に所得が減少すると消費支出は減少します。金利も重要な要素です。金利が上がると高額な住宅の購入意欲が弱まります。ローンを組んで購入するケースが大半なため金利が上がると返済額が増えてしまうからです。自動車の購入にも影響がでます。経済の先行き（景気動向）が良くないと消費は低調になります。逆に先行きが明るいと消費が活発になります。これは消費者信頼感といわれるもので、とても重要なものです。税金（消費税や所得税）の変動も消費を左右させます。２０１９年に消費税率が８％から10％に引き上げられた時には、引き上げられる直前には駆け込み消費が起きましたが、10％になると買い控えがありました。

所得税率が引き上げられると、可処分所得（自由に使えるお金）が減ることになり、消費は抑えられてしまいます。物価の変動も重要なポイントです。これまで４８０円で買えたコンビニのお弁当が５３０円になったとしましょう。インフレーションになれば50円の負担増となり、どこかで消費を切り詰めなくてはならず、購買力が低下します。デフレーションでは一時的に購買力は高まりますが、もし、デフレが続くという見通しが色濃くなれば、買い控えてもっと安くなってから購入することもあります。

●想定外の外的要因で消費は変動する

個人消費の動向は政府や中央銀行（日本銀行）の政策の決定にも大きな影響を与えます。例えば、消費の減少が続けば、政府は減税、補助金などの景気刺激策で消費を促進しようとします。コロナ禍では各自治体がポイント還元策を競い合い、政府は国民に現金給付をしたほか、飲食店などに持続化給付金を支給、企業には雇用調整助成金、家賃支援給付金などいろいろな対策が打ち出されました。環境規制の強化はエコカーなどの省エネ、脱炭素につながるようなエコ関連商品の需要を促します。

貿易政策も輸入品の価格や供給などに影響を与えます。関税の引き上げは輸入品の価格を上昇させ、国内産の消費を盛り上げることがあります。

消費活動はいろいろな外的要因でも大きく変化します。例えば、コロナ禍では外出が制限されたことから、観光に行けなくなり旅行の支出が大きく減少しました。逆に、家の中で快適に過ごそうとして、インテリア、家具、家電販売が好調でした。リモートワークが推奨され、パソコンなどのデジタル商品もよく売れました。地震や大雨などの大規模な自然災害が起きると、一時的に消費は自粛され、その後、被災地の産品を積極的に購入する応援消費が巻き起こることがよくあります。災害に備えた生活必需品の備蓄も起こります。新しい技術や製品が登場することで、消費者の関心が高まり新たな消費へと向かうことがよくあります。スマホはその代表例です。また最近では人工知能（ＡＩ）の機能を搭載したパソコンなども人気となっています。

ここまで、消費活動についてお話ししてきましたが、消費をするためには所得が必要であることを忘れてはいけません。貧困状態や低所得では基本的な生活必需品（食料、住居、衣料、医療など）の消費に制約がかかってしまいます。また、基本的なニーズを満たすことが優先され、娯楽や贅沢《ぜいたく》品に回す支出が限られます。富裕層と低所得者層のように所得格差（不平等）が拡大すると、消費のパターンが大きく異なるようになります。富裕層は贅沢品や高価なサービスを、低所得者層は生活必需品だけの購入を余儀なくされます。

支出をなかなか抑えることができない教育費、住宅費、医療費などの生活費が上昇すると、可処分所得が減少し、消費が抑制されます。住宅ローンや教育ローン、自動車ローンなどの返済があると、毎月の返済額が消費活動に影響を与えます。災害などによる予期せぬ支出が発生すると、緊急時に備えて貯蓄を増やし、消費を控え、生活防衛に走り、日常生活に支障を来すケースも散見されます。こうしたいろいろな制約を極力受けることのないように国が所得の分配や社会保障制度の充実、金利の安定など取り組むべきことは多いです。

3. 消費はなぜ長きにわたって低迷しているのか知ろう

日本経済について「空白の30年」と言われることがあります。1990年代初めのバブル経済崩壊を発端として長期的な低成長期に入り、物価が下落し、企業業績が悪化するデフレーションの時代でした。そこに少子、高齢化社会が進み、労働力人口の減少で経済の活力を削《そ》がれ、政府は経済刺激策を打ち出したのですが、消費活動が活発化することなく経済成長をたぐり寄せることはできませんでした。

なぜ、いろいろな施策を打ち出したのに個人消費は停滞したままだったのでしょうか。具体的に説明しましょう。政府は、95年のバブル崩壊の初期に起きた阪神・淡路大震災の復興や、98年のアジア通貨危機をもろにかぶった国内経済の混乱の対応のため金融危機対策を行いました。2001年には米国の同時多発テロ、IT（情報技術）バブル崩壊、過剰債務企業の連鎖による急激な景気後退に見舞われ、緊急経済対策を行いました。08年にはリーマン・ショックのための対策が、11年には東日本大震災復興、13年は消費税率引き上げに伴う景気対策が、最近では20年に新型コロナウイルス対策がありました。一連の経済対策や社会保障費の拡充などのために国債は大量に発行され続けました。

●アベノミクスの「3本の矢」は消費拡大まで進まなかった

2012年末に安倍晋三氏が首相に再任され、翌13年にデフレ脱却と経済成長の促進を掲げた「アベノミクス」と呼ばれる3つの経済対策(3本の矢)は記憶に新しいです。そこでは大胆な金融政策として物価上昇率を2%に引き上げることを目指し、日本銀行が積極的に金融緩和(金利の引き下げ)を行ったのに加え、機動的な財政政策の公共投資により経済成長を促進することを目指しました。また、中長期的な成長を実現するために労働市場などの規制緩和や構造改革などを推進し、一定の成果を挙げたのは間違いありません。

図表2のように、いろいろな経済指標が右肩上がりになっていますが、家計最終消費支出はここ30年ほぼ横ばいです。個々の企業の株価も上昇し、24年12月末の上場企業の企業価値を合計した時価総額は1000兆円を伺う水準で、資産効果によって消費が刺激されてもいいはずですが、あまりそうした効果は顕著でありません。経済全体に供給されている通貨の総量を表すマネーストック(通貨供給量)も大幅に増え、企業や個人、家計の資金調達が容易になり消費や投資が活発化して経済成長が促進されることが期待されると言われていましたが、消費については点火しなかったのが事実です。

図表2の中で家計最終消費支出と同じような推移をしているのが雇用者報酬です。これは企業が従業員に支払う報酬のことで、毎月の給料やボーナス、住宅手当、福利厚生費、退

図表2　いろいろな景気対策をしたが消費は低迷のままだった

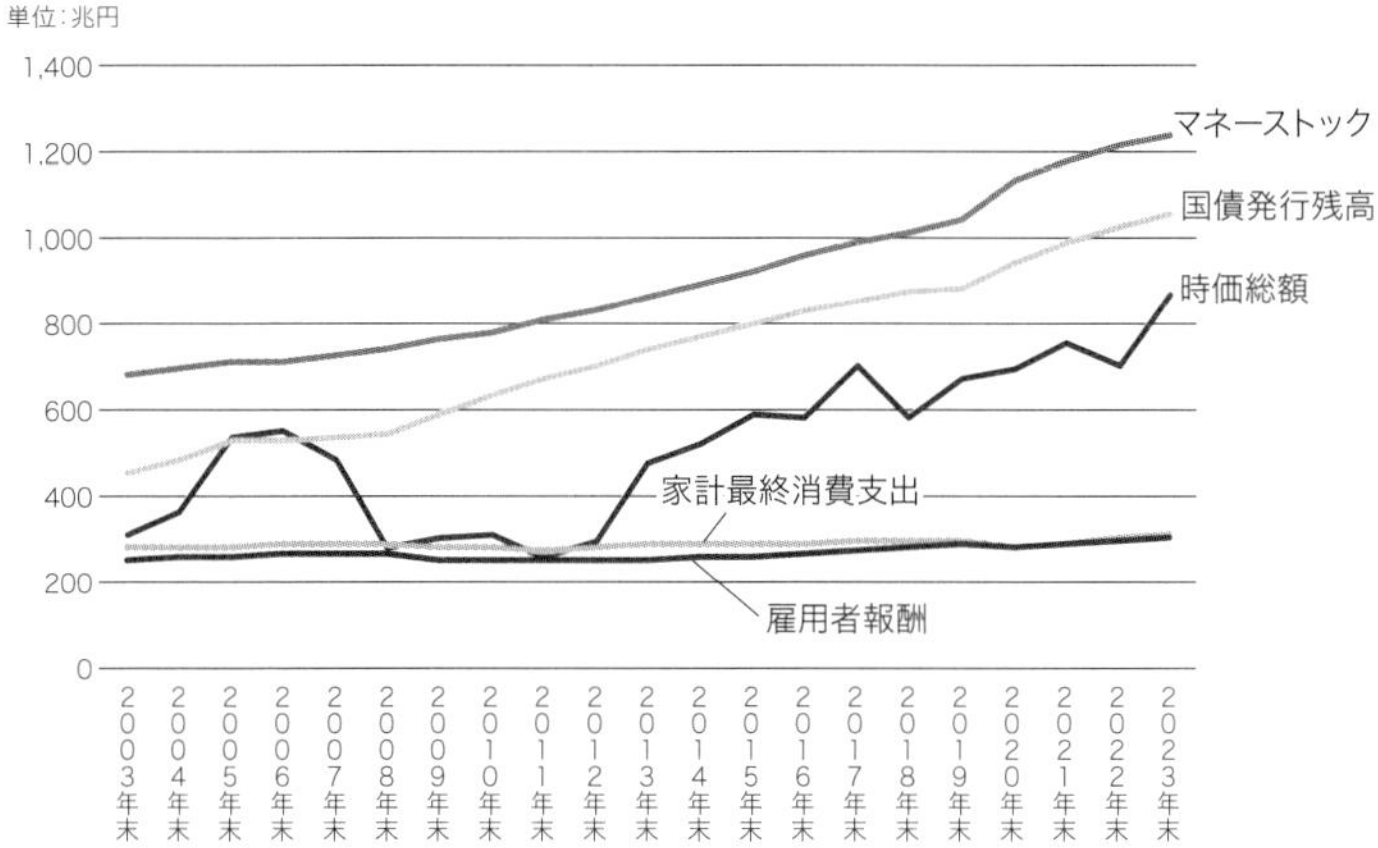

出典：時価総額（日本取引所グループ）、国債発行残高（財務省）、
家計最終消費支出と雇用者報酬（内閣府）、マネーストック（日本銀行）

職金などが含まれます。経済学の基本として消費は所得に対して一定の割合を占めることが示されているように所得は消費に大きな影響を与えます。その所得が長年にわたって伸びていないのですから消費が低迷するのも、むべなるかなでしょう。ここ数年、政府が企業に対して賃上げを求めたり、「手取り収入増」を選挙公約に掲げたりする政党があるのは、所得増こそが消費増につながると考えているからにほかなりません。

●家計から消費活動を見る

ここまではマクロ経済から消費について解説してきましたが、ミクロ経済（家計）から消費について解説をしていきましょう。

図表3　2023年の消費支出額は1989年のバブル経済期とほぼ同じ

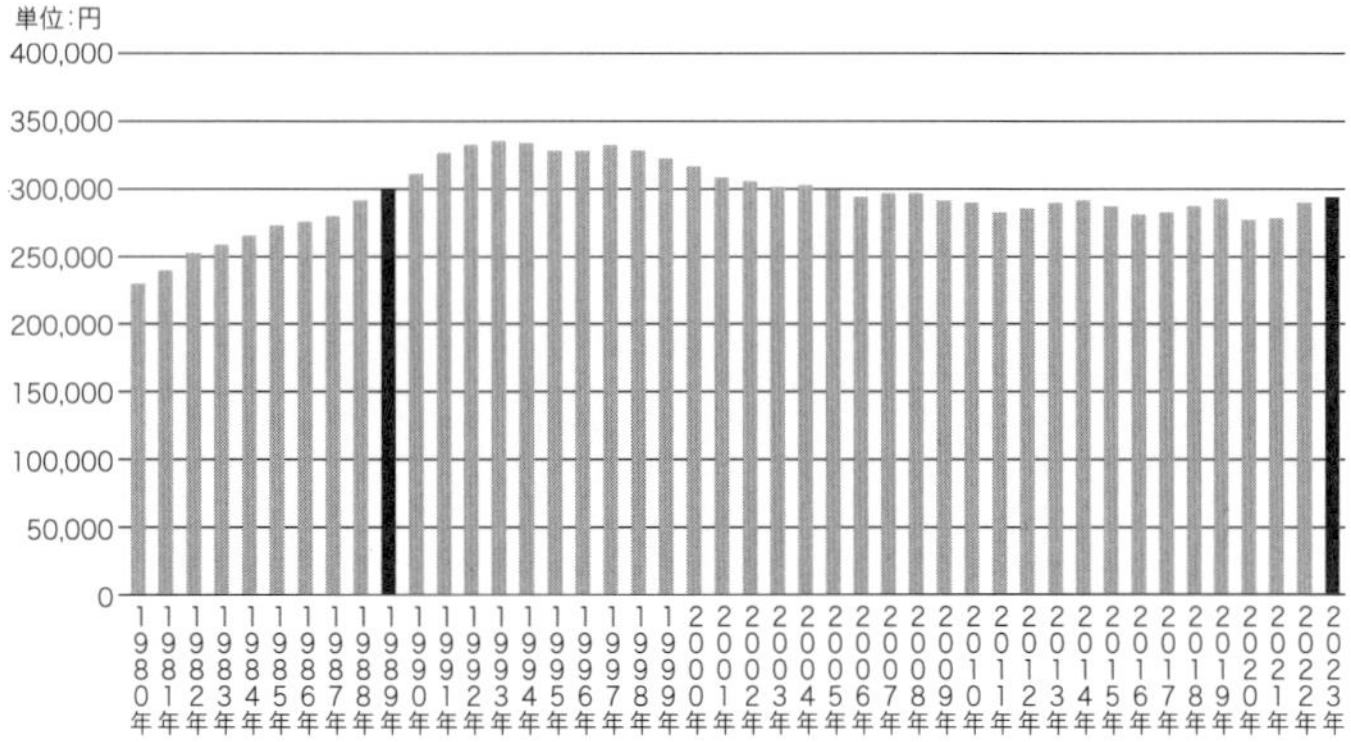

出典：家計調査（総務省）　二人以上の世帯

図表4　保健医療、交通通信など自由に選べない費目の支出が増えている

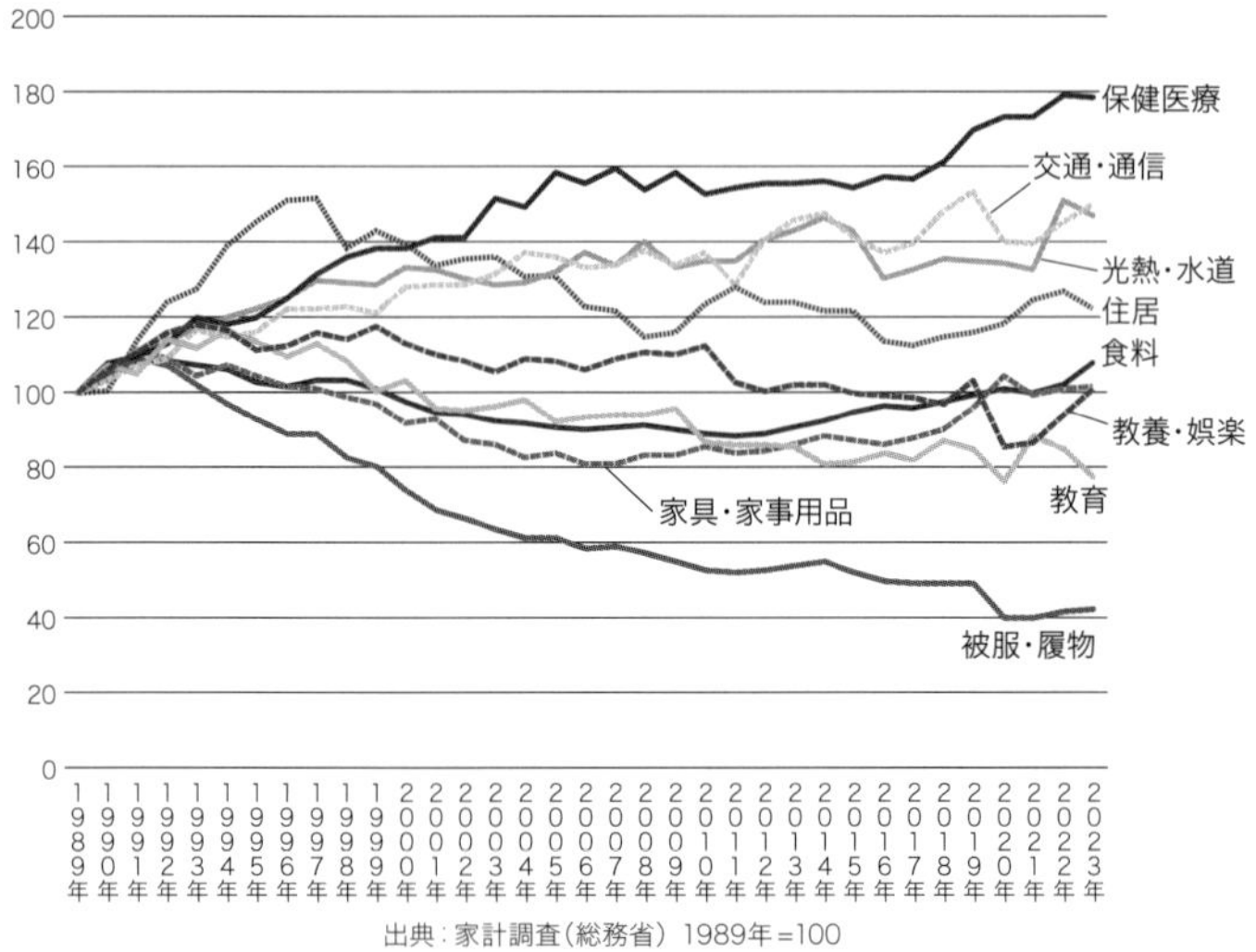

出典：家計調査（総務省）1989年＝100

みなさんは、今の消費活動が活発だとは思っていないはずです。ここまでこの章を読まれたみなさんは長く消費が低迷していることを理解してくれているでしょう。しかし、総務省の「家計調査」を見ると意外な事実が分かってきます。1985年から2023年の一世帯あたり月平均の消費支出を見ると、23年は29万3997円でした。図表3を見ると、23年の消費支出とほぼ等しいのが1988年や89年となっています。40年近く前のことですが、この時期はバブル経済と呼ばれ消費活動が非常に旺盛でした。であれば今もバブル経済並みの消費をしていても不思議ではありませんがそうなってはいません。

なぜでしょうか。

それは家計調査の費目別支出を見ると理解できると思います。長い時を経て消費支出の中身が大きく変わっています。消費構造の変化ですね。例えば、保健医療(医薬品、保健医療サービス)の支出金額は89年では8211円ですが、23年は1万4645円で78%も増加しました。一方、被服・履物は2万2967円から9297円で59%減でした。図表4の89年を100とした費目別支出の指数では、支出を大きく増やしているのが交通・通信で49%増(23年と89年の比較)、光熱・水道は46%増(同)などとなっています。微増だったのが家具・家事用品の1%増(同)、食料の7%増(同)などです。

●消費構造の変化を知ると消費の低迷も見えてくる

ここで皆さんに気がついてほしいのは、費目別で支出が大きく伸びているのが、公共料金のように自分が自由に商品やサービスを選んで購入しているものではない費目が大半を占めていることです。光熱・水道は自分が住む地域でサービスする電力・ガス会社や自治体の水道局などからしか提供を受けることができません。

また、こうした分野は生活していくうえで、最低限必要な支出なので、楽しい消費ではありません。だから、いくらお財布から支払ったり金融機関から引き落とされたりしても「消費した」という実感がわかないのです。保健医療は高齢化が進んだことや社会保障制度の負担増などによって支出が大きく増えました。逆に、自分の好みで自由に選べる被服・履物の支出が大きく減っていることで消費の実感がわかないのです。

こういう見方もあります。公共料金や保健医療への支出が嵩《かさ》んだため、被服・履物への支出を抑えざるを得なかったのかもしれません。また、ユニクロや無印良品などのように低価格でも高い品質の衣料品を提供する企業が登場したことで被服・履物への支出が結果的に少なくなり、公共料金などの支出増をなんとかやりくりできたのかもしれません。

このように消費支出の全体額が89年と23年でほぼ同じであっても、支出の内訳を調べると消費の実像が大きく異なることが分かります。消費とはわたしたちの生活のいろいろな姿を見せてくれるのです。

参考資料

・『マクロ経済学』（平口良司、稲葉大著、有斐閣）
・『ミクロ経済学入門の入門』（坂井豊貴著、岩波新書）
・『流通業の「常識」を疑え！』（松岡真宏、中林恵一編著、日本経済新聞出版社）

人生と仕事と学びをつなぐ15の講義

18歳からのキャリアデザイン

第4章

自分の未来をつくるために

講義13

大学でまなぶとは

立教大学　文学部教授　逸見敏郎

講義のポイント

・学びの場は社会全体、「書を携え、街に出よう」。
・あなたはあなたの人生の主役。大学生活で能動的に学びを作り出そう。
・友人との対話的議論を重ねながら学びを共にしていこう。
・大学図書館はじめ専門図書館、博物館、美術館など知の宝庫を使いこなそう。

1. 大学生の生活と授業

かつて、日本の高度経済成長に伴い国民の経済的余裕と学歴重視の風潮が広がる社会的状況のなかで大学入試が受験戦争と称され、高校生活が受験勉強に縛られ「灰色」となっている状況を「灰スクール」と表現した時代があります。それは1970年代から1980年代にかけてのことです。同時に厳しい大学受験を突破した大学生にとって大学は「遊び場」や勤労者になる前の「休憩の場」としてレジャーランドと皮相的に称されていました。
それでは、現在の大学生の大学生活はどうでしょうか。大学生の学習や生活は、『第4回大学生の学習・生活実態調査報告書』（ベネッセ教育総合研究所、２０２２）では図表1や図表2のようになります（註1）。

まずは、大学生活のなかで力を入れていることを図表1より描いてみましょう。「授業」に積極的に出席し（76・9％）、アルバイトをしたり（65・3％）、自主的な勉強もおこない（49・0％）、ボランティア活動や社会活動に参加する（24・1％）姿がうかがえます。これらは、過去の調査時点よりも年々積極的にコミットしています。一方で、クラブサークル活動への参加（42・5％）や学校のイベント行事への参加（29・9％）は過去の調査よりも減少しています。推測の域を出ませんが、２０２０年度大学入学生が直面したＣＯＶＩＤ－19パンデミックによる学校の休校、オンライン授業などにより２０２２年度頃までキャンパスでの学生の活動が制限されたことも影響していると考えられます。

このように現在の大学生の生活は、大学がレジャーランドと呼ばれていた時代とは大きく異なっているように思えます。しかし、大学教育への意識（図表2）は、「楽に単位を取れる授業」を選び、授業内容は「基礎基本を好み」、自らの目的や意思により科目を選択するよりもカリキュラムにしたがって「系統的に授業を選択」し、「教員による指導」を望む姿が見えてきます。この傾向は、２００8年から漸増しています。調べるより教えてもらうほう

図表1　大学生活で力を入れてきたこと

あなたは次の項目について、これまでの大学生活の中で、どのくらい力を入れてきましたか。

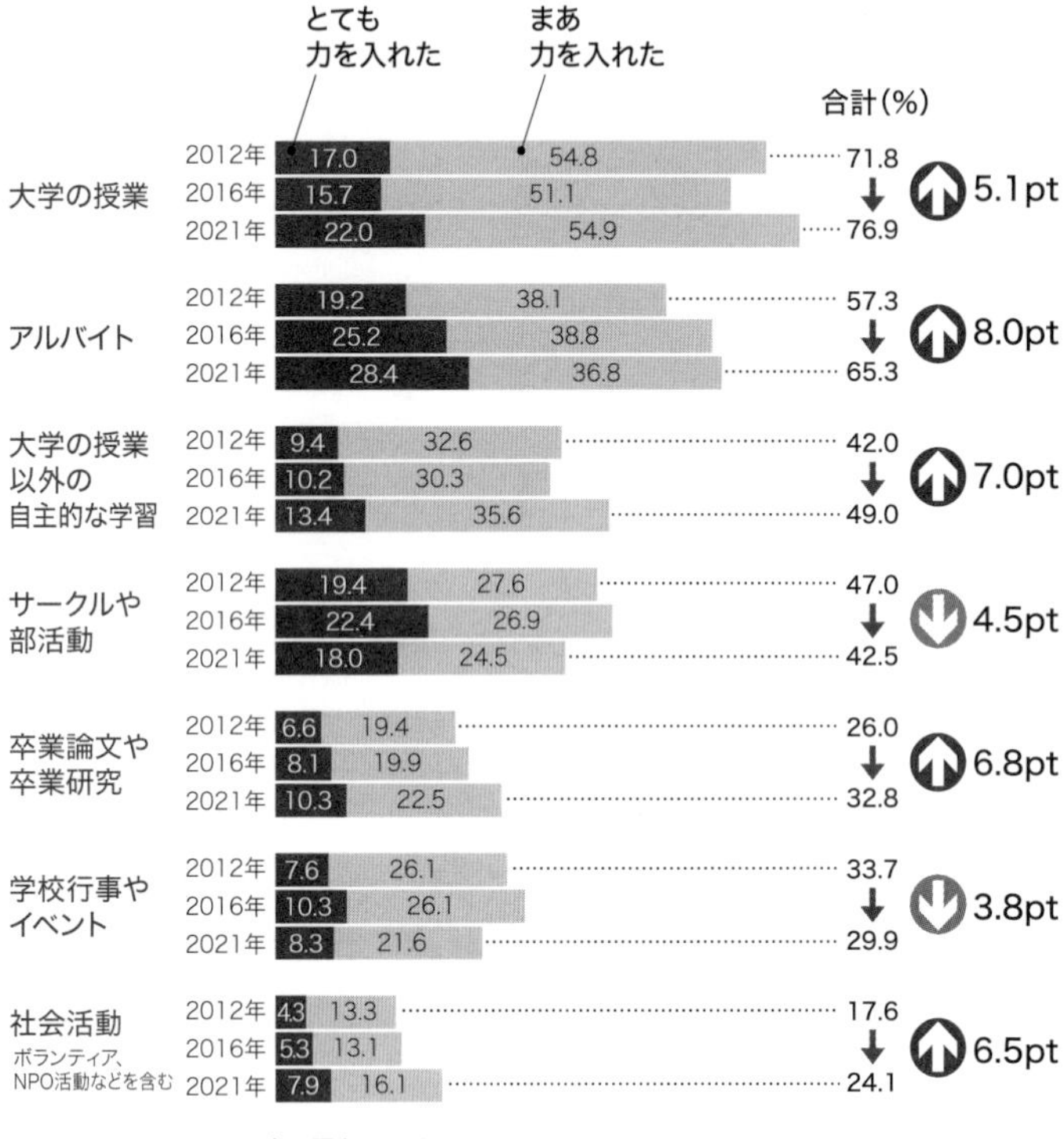

※2008年は調査していない。

出典：第4回大学生の学習・生活実態調査報告書（ベネッセ教育総合研究所,2022を一部抜粋）

図表2　大学教育に関しての意識

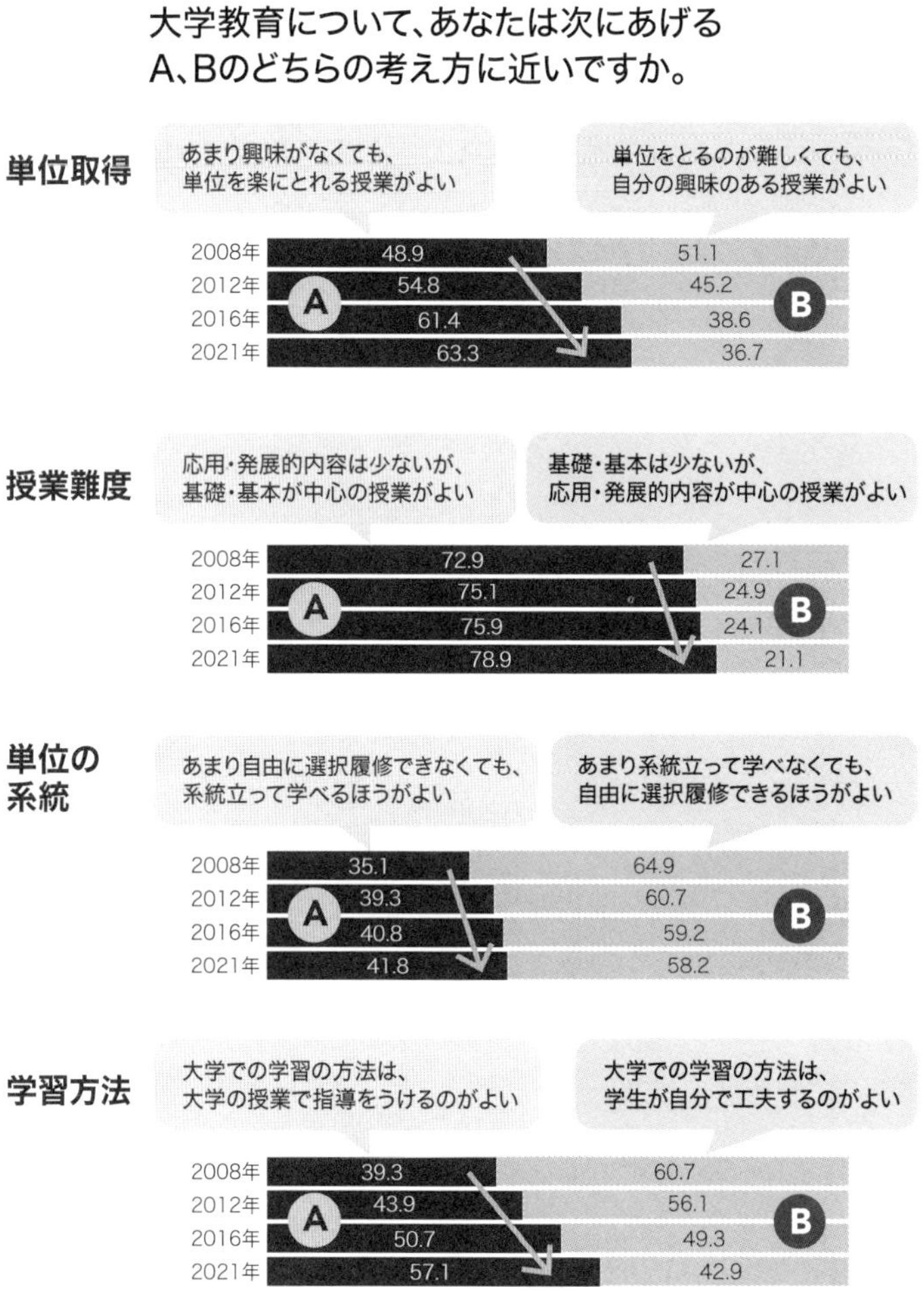

出典：第4回大学生の学習・生活実態調査報告書（ベネッセ教育総合研究所,2022を一部抜粋）

が楽だし、授業の選択に失敗しても自分の責任にしたくない。だから履修モデルがあればそれをガイドにしたほうがタイパもコスパもいい、という行動と見ることもできます。これは高校までの時間割に従って授業を受け、大学受験科目にあわせて科目選択をする学び方と変わりません。どこか自由は不自由だ、と思っているところもあるのかもしれません。

大学は、概ね10代後半から20代前半にかけての4年間の時間を過ごす場です。高校とは異なり、交友関係や行動範囲が広がります。主権者として自らの意志を示したり、持続可能な地球環境や人権意識に基づく消費行動をとる主体として自分の行動を考える機会も出てくるでしょう。友人と旅をしたり、仲間と共同して学園祭等のイベントを運営したりすることもあるでしょう。これら正課としての授業以外の体験（正課外活動と言います）も大学での学びの一側面です。そして大学を卒業するためには授業の単位取得、4年制大学で124単位以上、概ね1年平均で31～32単位を取得することが必須となります。

それでは、レジャーランドでもなく、レールに乗って授業を受けるのではない大学の授業での学びについて考えていきましょう。

2. 能動的学び・受動的学び

物理学者アインシュタイン（Albert Einstein）は、哲学者カントが『純粋理性批判』の中で示した「内容なき思惟は空虚であり、概念なき直観は盲目である」をもとに「体験の無い概念は意味をなさず、概念のない体験は盲目である」と科学や知識の本質を論じる中で語ったと言われます。この言葉は何を意味するのでしょうか。いくつかの視点から検討していきます。

●input-output型学び・input-research型学び

試験は教育内容や指導方法に影響を与えると言われています。戦後日本の大学入試の変遷は、知識を学びそれを各大学が測定する学力試験が主流だった時代から受験生全体の学力を統一的に測定する入試制度を経て、2021年より施行されている大学入学共通テストに至っています。この入試では、知識の暗記だけではなく、思考力、判断力そして表現力を重視する中学校や高等学校の学習指導要領に基づき記述式問題も含めて知識の理解とその応用力を測定する試験を目指すとされています。

学力重視の試験は、学習内容を正確に理解、暗記し、それを試験で解答することで評価されます。これは、input-output型学びといわれ教科書や授業内容を正確に理解、暗記し（input）、それを正確に表現する（output）ことで成果や評価が得られるという点から受動的な学びと言えます。これは、学んだ内容を定着させたり理解を確認する点では有効な学習方法であり、資格試験など短期的に成果を出したい場合や実践的スキルを習得したい場合などには効果的です。

一方で知識理解とそれをもとにした応用力などを測定する試験は、能動的学びと呼ぶinput-research型学びが必要とされます（註2）。input-research型学びの特徴は、学習した知識や情報を受け取り（input）、それをもとにして自らの問いを形成し、調べて論理的に考えてまとめる（research）点にあります。今までの学習内容をもとに自分自身で問いを立てる際には、批判的思考が必要となります。また自身で1次資料・史料にあたったり、インタビューや参与観察、実験などを行ったりと自ら能動的に学びを作り出します。更に論理的にまとめ、発表する過程では、他者と意見交換や議論を重ねることも必要となります。

このようなinput-research型学びのプロセスこそが応用可能な重層的知識を身につけることに繋がります。input-research型学びは、２０２２年度から高等学校で必修化された「総合的な探求の時間」でも重視されています。また中学校や高等学校の学習指導要領に示されている「主体的、対話的で深い学び」や大学で取り入れられることが多くなってきているＰＢＬ（Project Based Learning）やサービスラーニングなどもinput-research型学びです。これらは、学習者の主体性を重視する教育手法、アクティブラーニングのひとつでもあります。

ところで、学びを示す言葉は高等学校段階までは「学習」が用いられ大学では、「学修」が使われます。それは文部科学省令「大学設置基準 第21条（単位）」において「1単位の授業科目を45時間の学修を必要とする内容をもって構成する」に現れています。学習と学修の違いは、学習は文字どおり学び、習う行動であり、学修は自らが幅広く学び、得られた知識や技能を他の領域の知見と関連付けたり、批判的思考を加えながら理解を深めつつ学び、修得し専門性を高める行動にあります。学習は input - output 型学びであり受動的学び、学修は input-research 型学びであり能動的学びととらえることができます。

能動的学びが重視される根拠のひとつとして、ラーニングピラミッドがあげられます（註3）。ラーニングピラミッドは、社会心理学者レヴィン（Kurt Lewin）がアメリカで1947年に設立したNTL（National Training Laboratory）が1960年代初頭に示した学習方法と学習内容の定着度合いの関連を図示したものです。

図表3は、学習者が学習活動により学んだ学習内容をどれだけ効果的に記憶に残せるか、学習内容の定着度合いを可視化したものです。学習内容の定着度合いが低いのは、講義を聞く、教科書や教材を読む、ビデオ教材やプレゼンテーションを視聴する、実験の演示や実物教材などを見ることです。これらは、受動的学びと言えます。そして、学習内容の定着度合いが高くなるのは次の順です。学習内容をもとにしたグループの話し合い、実験や観察を実際におこなったりインタビューなど調査を行う。そして最も学習内容の定着度合いが高いのは、誰かに学習内容を教えることです。それは、教えることにより、学習した内容を自身で復習し、内容を深める機会を得ることにもなるからです。

図表3　ラーニングピラミッドをもとにした学習方法と学習内容の定着度合い

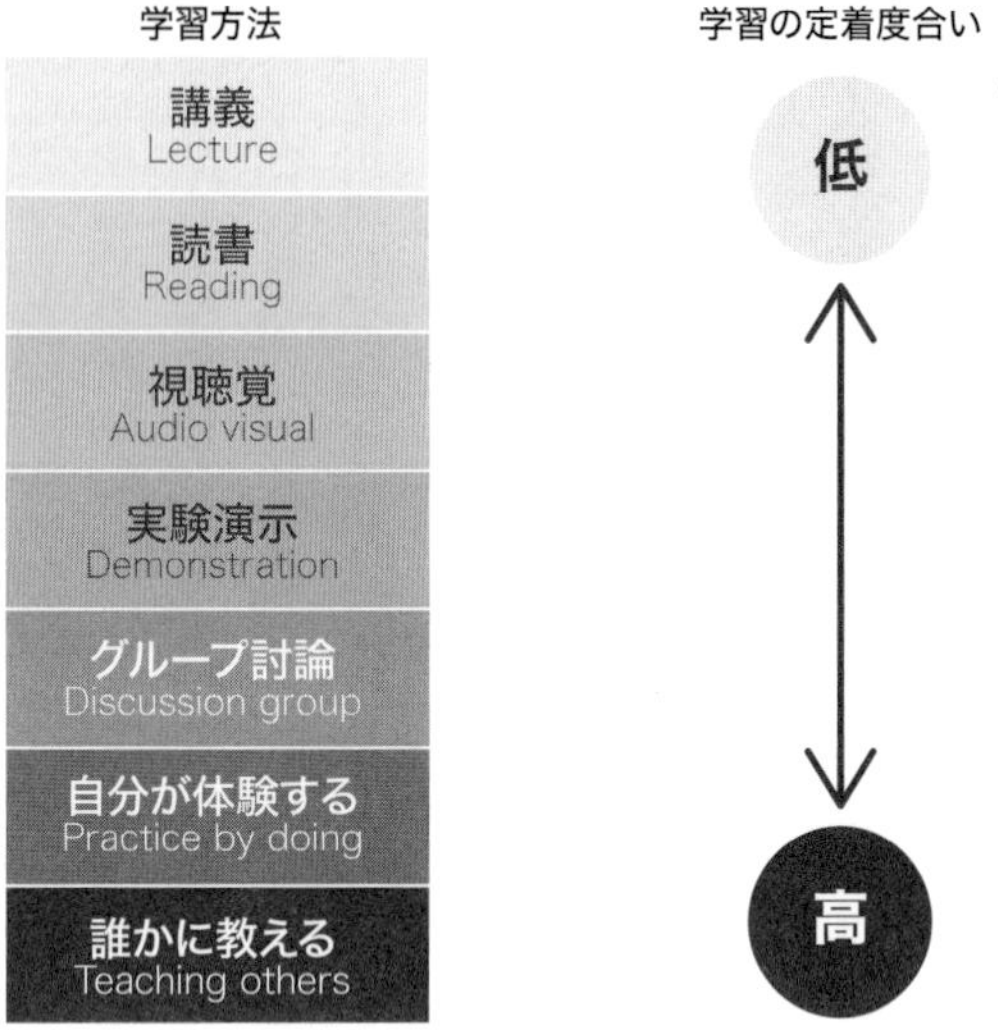

出典：NTL The Learning Pyramidをもとに筆者改変

これらの3つが、学習者が主体となって学ぶ能動的学びとなります。能動的学びでは学習内容を鵜呑みにすることなく1次資料・史料にあたってみたり、自ら観察や他者にインタビューしてその反応やコメントをもとに自分の考えや意見を修正したりするなど自分自身で学びの設計図を作り出すことが必要です。1次資料・史料にあたるには、大学図書館はじめ国立国会図書館、博物館や美術館などを活用します。またオンラインデータベースなどで国内外の文献にあたることも大事になります。そこには、単なる正解探しではなく自分の問いを追究する姿勢が求められます。

●当たり前を疑う

学修における能動的学びの要素として重要なことのひとつは、「当たり前を疑う」「自分の常識や世間の常識を疑う」ということです。私たちは家庭教育での躾、幼少期からの自分自身の体験、学校教育での教えなどをもとに、当たり前や常識、外界を認識するフィルター（準拠枠）を形成してきています。このフィルターをとおして様々な事象を認識します。しかし、フィルターは偏見や先入観にもなります。たとえば「自分は将来、消防士になりたい」と言った人がいます。この発言者はどんな人だと思いますか。高校生？・大学生？・転職希望者？、性別は、男性？・女性？・それ以外？・このように様々に思いを巡らせることができます。しかし誰もが持っているアンコンシャスバイアス、無意識的な先入観では、消防士になりたい＝若い男性と固定化して認識しがちです。このときに、消防士は性別問わずなれる仕事では？と疑問を持ち、調べてみます。そして調べた結果を取り込むことで、この点に関してのアンコンシャスバイアスをコントロールできるようになります。それは自分の当たり前や世間の常識から解き放され、事象を根本的な観点から捉え直すことなのです。

また現代はＷＥＢサイトや生成ＡＩ、ＳＮＳをとおして情報を得ることが一般的になっています。ＳＮＳについては、発信した意見と類似の意見が返ってくるエコーチェンバーやインターネット環境で個人にパーソナライズされた情報が提示され、取り囲まれるフィルターバブルにより気がつくと自分は多数派であり、正義であるという誤認識に陥ることも生じます。異なる視点からの情報を確認したり、友人と対話的に議論（鴻上、2024）したり、入手した情報の1次情報を確認するなどのファクトチェックをおこなうことも当たり前を疑うことになります。自分のフィルターが外界を認識する時にどのような認知の歪みを自分にもたらすのか、また自分のフィルターを通して入手した情報はどのような質なのかを分析し、評価することは欠かせません。その上で論理的で根拠に基づく自分の考えや意見を構築していくことが必要です。これを批判的思考（Critical Thinking）と呼びます。同調性や等質性を重視し、失敗を認め合うのが難しい日本の社会で自分の考えや意見を表現することは、時に緊張を要することもあるでしょう。しかし、自分を大事にするとは、自分が導き出した考えや意見を適切に表現することに他なりません。その上で他者の意見にも耳を傾けるという自他尊重の姿勢が必要となります。

学修における能動的学びの要素の二つ目は、課題発見と課題解決を志向しながら学修することです。まずは基本となる概念や知識、理論の学習をすることになります。自分が関心を寄せる領域の授業テキストや概説書を読む、引用文献や関連文献を読む、仲間と専門書を輪読し議論を交わす。このような基礎理論を身につけることは、運動でいう体幹を鍛えることであり能動的学びの基礎作りです。その上で基礎理論に批判的思考をめぐらせて考えたり、関心領域外のことで学んだことと基礎理論を関連付けてみたり、新聞雑誌や信頼できるＷＥＢ記事などで関心領域の新しい情報を入手しながら問いを立て、問いの先にある解決、結論へのプロセスを想定しながら論理的な仮説を作り出すことが課題解決への第一歩となります。

3. 能動的な学び――社会と関わる学び

それでは、大学で能動的な学びはどのようにおこなわれるのでしょうか。大学の学修は大学の外でもおこなわれます。また正課の授業でおこなわれる各種実習、ＰＢＬ、サービスラーニングやフィールドスタディだけでなく正課外のボランティア活動やインターンシップ、クラブサークルやワークキャンプなども大学生の学びにつながります。このような大学生が社会の中で体験を重視する能動的学びのフィールドを整理したものが図表４です。

活動の利益享受者と活動の力点を見ると活動をとおした学びの質の違いが見えます。学習者の利益とlearningに重きを置く能動的学びの代表はインターンシップになります。これは学生にとっては自分の将来の就職に結びつけて希望する職種の体験をとおした学びです。一方で活動先に利益があり社会貢献を意味するserviceを主体とした活動は、ボランティア活動でありワークキャンプになります。多くの場合、これらの活動は活動先の社会課

図表4　社会と関わる能動的学びの位相

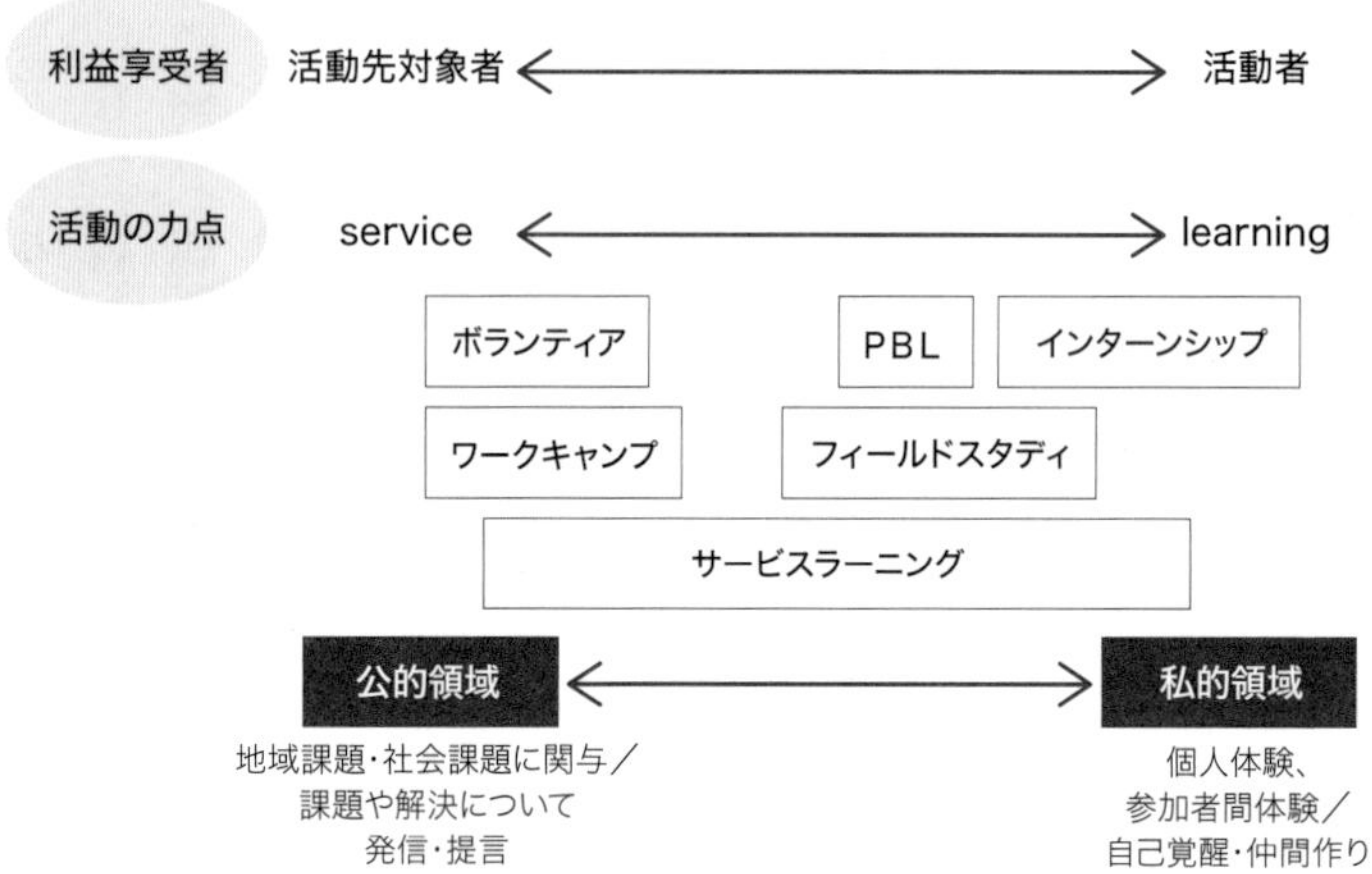

出典：Jacoby,B.,2014をもとに筆者作成

題を見据え、その支援のために自発的、互恵的関係の中で無償の活動となります。

それでは、活動の力点がserviceからlearningまで幅広く、活動の成果享受者が活動先対象者であり学習者であるサービスラーニング（以下、SL）はどのような学修手法なのでしょうか。SLは、授業であることがボランティア活動やインターンシップと異なります。SLを受講する学生は、今までの学びや体験の知的な蓄積をもとに関心のあるテーマのSLの授業を履修します。SLの授業では、教室での事前学習で対象となる社会的課題の現地の概要や取り巻く法律や制度などを学びます。そしてそれらの知見を携えながら社会的課題を抱える現地での活動をおこないます。活動をとおして現地の歴史的文化的社会的文脈を踏まえた生活実相を知り、そこでの課題の解決に向けた試みを実際に体験します。活動後の教室での事後学習では、概論的知識や法律、制度と現地の文脈に基づく課題を付き合わせながら、双方の一致点や矛盾点を参加学生間での対話的議論をとおして理解しながら課題解決の方法や道筋を検討し、解決への提案を作成していきます。その成果は現地で生活する人や場合によっては行政担当者などに向けて報告したりします。

このような授業構成でおこなわれるＳＬがserviceであり活動先対象者にメリットがあるのは、事前学習での制度や法律など様々な現実を理解した上で現地の生活文脈に沿いつつ、客人《まれびと》だからこそ見えてくる指摘や提案は現地生活者では気がつきにくい新たな視点を得る機会となるからです。また参加学生にとっては、まずは現地活動と現地での学生間の対話的議論および議論した結果を現地の人に尋ねながら自分の考えを修正していく体験をとおして現実に即した課題と解決策を作る過程そのものがlearningになります。それに加えて現地での活動や学生間や現地の人との協働や対話的議論は、教室で授業を聞いているだけでは起こりえない予期せぬ偶然と出会う機会にもなります。

偶然の出会いが持つ力に関して心理学者クランボルツ（John D. Krumboltz）は、キャリアの80％は偶然によって決まることを計画的偶発性理論として示しました。たとえば、ある学生は東日本大震災の復興支援をテーマにしたＳＬのクラスを受講し、事前学習を経て現地での復興支援活動に参加、そして事後学習で、地震など自然災害を免れない日本で必要なのは減災対策であると報告しました。その後、関連する他学部の授業を履修したり、建築や構造物について自分で調べたりし続けました。そして卒業後の進路も高校英語科教員から減災に不可欠な機械製造の企業に変更、就職しました。この学生はSLの授業を受講し、思いもよらない学びの体験をしたことが、在学中の履修計画も変更、卒業後の進路選択にも影響が及んだわけです。科学の領域ではセレンディピティとして幸運な偶然の出会いが新たな発見に繋がると言われますが、能動的学びのなかにもそれはあります。

4．社会的思考とリフレクション

●社会的思考──大文字の論理・小文字の論理

授業や概説書を読み学習する内容は、学習対象となる事象の具体から共通する属性や様々な特徴などを取り出した基本概念や一定の分析手続きを用いて作り出されたモデルなど、その事象を抽象化し普遍性を持つ理論や原理になります。枝葉を刈り取り、幹を露出させることは、一見すると異なって見える様々な事象をひとつの抽象的概念として扱うことです。これを「大文字の論理」と呼びます。自然科学や医学などは、この方法論のもとで様々な実験や臨床実践を抽象化し、因果律に基づきモデルや法則を見いだしたことで発展してきました。

大文字の論理は、普遍性を持ちますが抽象化するなかで共通性や平均値から外れた特徴は排除されてしまいます。しかし幹に加えて枝葉が無くては木ではありません。この枝葉にフォーカスしていくこと、つまり具体的で個別的な事象を捉えることで幹と併せて一本の木として全体を把握することが可能となります。個別の事象に関わり歴史的文化的社会的な文脈を踏まえてその実相を把握し、そこで生じていることを分析し論理的に総合したものを「小文字の論理」と呼びます。

小文字の論理では、事象の具体を参与観察したりインタビューをおこなったり、そこでの活動に参加したりすることで個別の事象の当事者と同じ目線で考えることが不可欠になります。これは文脈的思考あるいは状況的思考であり、個別の事象の置かれた文脈を明らかにし、それを考慮しながら考察していくことに他なりません。同時に大文字の論理に個別の事象を当てはめるのではなく、大文字の論理からこぼれ落ちた具体的事象をすくい取りながら、個別具体的な事象の観点から大文字の論理を批判的に検討することも小文字の論理の特徴とも言えます。

ところで、2022年度から全面施行された小学校、中学校、高等学校の学習指導要領では「社会的な見方・考え方」を働かせながら調べたり、考えたり、選択・判断したりする学びが重視されています。またリクルートワークス研究所は、2011年にグローバル時代のリーダーに必要な資質として「社会的思考力」（註4）を提示しました。このような対象を捉える際に、大きな枠組みだけでなく対象の文脈を考察の視点に加える思考方法は、「社会的思考」とまとめることができます。今まで述べてきた大文字の論理や小文字の論理は、能動的学びのなかで社会的思考を実際におこなう方法論とも言えます。つまり大文字の論理をもとに鳥瞰的に事象を分析し、論理的な仮説を立てる。そして事象の文脈に即しながら虫瞰的な視点をもとに論理的に考え、小文字の論理を作り出す。最後にこのふたつの論理を総合するなかで、矛盾を乗り越え、新たな気づきを得たりしながら課題への解決策を構想し、適切に表現して他者に伝えることが大学生の能動的な学びということです。先に取り上げたアインシュタインの言葉「体験の無い概念は意味をなさず、概念の無い体験は盲目である」とは、「体験の無い概念」になりがちな大文字の論理だけの理解や分析、判断だけでなく、また「概念の無い体験」で現実の圧倒的熱量に押されることなく文脈を踏まえた小文字の論理を作りだし、両者を批判的思考のもとで総合していくことを指しています。

●リフレクション

能動的学びと社会的思考を結びつける要素として振り返りや省察とも言われるリフレクションがあります。リフレクションとは、間違いを正すためにおこなう行為ではありませ

図表5　コルトハーヘンのALACTモデル

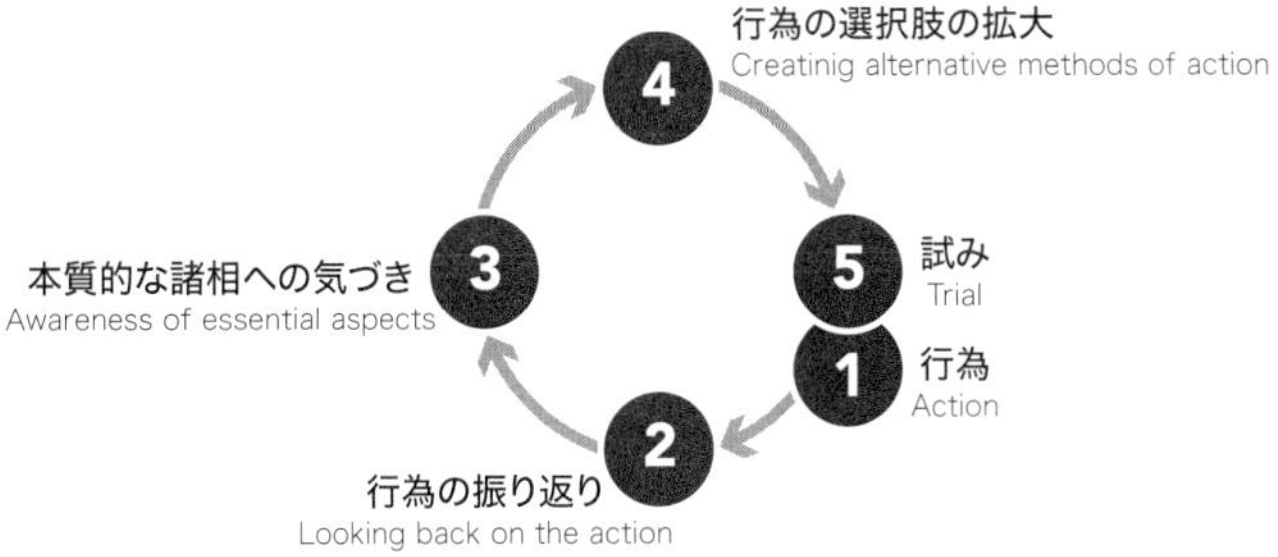

出典：コルトハーヘン 武田監訳 2010『教師教育学』P54

ん。自分自身がどのように考え、どのような願いや思いをもって体験したのかを深く掘り下げて考え、さらに体験の結果が本当に望むものだったのかを確認し、今後の自分の行動にどのように活かすかというプロセスを指します。能動的学びによる体験を成長につなげるためには、体験したことだけに留まらず、リフレクションにより社会的思考にまで拡げることでひとつの体験が普遍性を伴った経験となっていきます。

リフレクションについては、哲学者デューイ（John Dewey）の経験主義学習に始まり１９８０年代初頭に教育学者コルブ（David Kolb）が「経験学習モデル」として、哲学者ショーン（Donald A.Schön）が「省察的実践家」としてその重要性を示しました。また２０００年代にはコルトハーヘン（Fred A.Korthagen）が教師教育学において実践と理論を結びつける方法論として「ＡＬＡＣＴモデル」を提示しました。共通するのは、活動を内省すること、体験を抽象化することであり、

図表6　本質的諸相の気づきの具体化のための質問

わたし（行為者）	あなた（対象者）
0 文脈はどのようなものでしたか？	
1 何をしたかったのですか？	**5** 何をしたかったのでしょうか？
2 何をしたのですか？	**6** 何をしたのでしょうか？
3 何を考えていたのですか？	**7** 何を考えていたのでしょう？
4 どう感じたのですか？	**8** どう感じたのでしょう？

出典：コルトハーヘン 武田監訳 2010『教師教育学』P136をもとに筆者作成

これらがらせん状に循環しながらより高次な活動を目指すということです。ここでは、リフレクションのなかに活動とその時の主観や感情も含めるという特徴を持つ「ＡＬＡＣＴモデル（Action, Looking Back on the Action, Awareness of Essential Aspects, Creating Alternative Methods of Action and Trial）」を紹介します。

ＡＬＡＣＴモデルは図表5のようなリフレクションのステップをたどります。

①行為をおこなったあとで、②行為の意図や目的とその結果を見返します。その時、なぜ自分はその行為をおこなったのか、対象はそれをどのように受け止めたのかという点に焦点を当てるのが③本質的な諸相への気づきになります。ＡＬＡＣＴモデルでは、この③を重視し、行為するときの感情や期待などを行為者と対象者のふたつの水準で考えます。その時にガイドラインとなるのが、図表6「本質的諸相の気づきの具体化のための質問」です。

この質問は、活動の文脈を整理したうえで行為者であるわたしの目的や希望、行動、そして行動を支えた自分の思考・考えや感情を整理する契機となります。さらに自分の想像の範囲という限定はあるもののわたしの行動を対象者の視点からも問い直します。そして③本質的な気づきをもとにしながら④次の行動についての選択肢を考え、⑤実際に行動をおこないます。この①から⑤のプロセスは、行為のたびに繰り返され、リフレクションをとおしてより高次の社会的思考に基づく行動を目指します。

冒頭でかつて大学はレジャーランドと言われていたことにふれました。レジャー leisure の語源はラテン語の licere＝許されるであり、転じて許可された自由な時間、余暇を指すようになりました。さらに日本大百科事典によれば licere の語源は、ギリシア語のスコーレ schole といわれています。schole は、余暇や学びを意味し、school の語源です。余暇＝自由な時間は、創造的時空間であり時代を超えて大学は、大学生の自己形成を提供する場であることは変わらないのかもしれません。自由を使いこなす力を身につけることも大切な大学生の学びです。

■註

註（1） 第４回調査は、全国の大学１〜４年生総計４１２４人（男子２２２８名、女子１８９６名）を対象に各学年25％の大学生に２０２１年12月に実施されました。調査概要と結果については下記ＷＥＢサイトを参照。（https://benesse.jp/berd/ko

utou/research/detail_5772.html)

なお、日本学生支援機構（ＪＡＳＳＯ）も全国の国公私立短期大学、大学、大学院の学生を対象に隔年で「学生生活調査」を実施しています（https://www.jasso.go.jp/statistics/gakusei_chosa/index.html）。

註（2）２０２２年度から高等学校で必修化された「総合的な探求の時間」の英訳は、Period for Inquiry-Based Cross-Disciplinary Studyです。ここでは、深く事象を追究する意味を含めて調査研究的な色彩を持つresearchを使用します。

註（3）ラーニングピラミッドに関しては、学習定着率の数字が示されている図表がありますが、ＮＴＬは学習定着率の数字を実証的に示していません（土屋、２０１８他）。この点も踏まえここでは、「学習の定着度合い」とします。

註（4）リクルートワークス研究所は社会的思考力の定義を「具体的な状況や場面・文脈のなかで、最適解を導き実現するためにテクストや出来事、自他関係を理解し、自らの考えを主張して他者と対話的に考えを深めると同時に、そうした過程を振り返る力」としています。

参考資料

・Barbara Jacoby. 2015 Service-Learning Essentials: Questions, Answers, and Lessons Learned, Jossey-Bass.

・ベネッセ教育総合研究所 2022『第4回 大学生の学習・生活実態調査報告書』
https://benesse.jp/berd/koutou/research/detail_5772.html

・逸見敏郎「サービスラーニングがめざすもの」逸見敏郎他編著『リベラルアーツとしてのサービスラーニング―シティズンシップを耕す教育』PP.160-167、北樹出版

・鴻上尚史『君はどう生きるか』講談社

・F・コルトハーヘン編著、武田信子監訳『教師教育学―理論と実践をつなぐリアリスティック・アプローチ』学文社

・J・D・クランボルツ、A・S・レヴィン著、花田光世他訳 2005『その幸運は偶然ではないんです!』ダイヤモンド社

・Krumboltz,John D. 2009 The Happenstance Learning Theory. Journal of Career Assessment, Vol.17 No.2, PP.135-154.

・リクルートワークス研究所 2011『社会的思考力の可能性』
https://www.works-i.com/research/report/item/r_000271.pdf

・土屋耕治 2018「ラーニングピラミッドの誤謬」『人間関係研究』(南山大学)、PP.55-73

講義14

夢を忘れない

テレビ東京 報道局総合ニュースセンターキャスター 塩田真弓（立教大学 社会学部卒業）

講義のポイント

①立教大生編…「人類の歴史の中で最も多くのことにリーチできる最も幸運な時代」。
②英国留学編…相手を知ること、対話すること、先入観で決めつけないこと。
③テレビ東京キャスター編…ミッション「社会課題が解決するときに動く経済を伝える」。
④プロの仕事術…プロ意識を過信せずアップデートできるのが本当のプロ。
⑤私のこれから…一人ひとりがゲームチェンジャーへ。

1．立教大生編（1994年〜1999年）

なぜ、立教大学に行こうと思ったのか、1番大きかったのは、ジャーナリズムやメディア研究で知られていたからです。その興味の原点は高校時代に新聞部を作ったことでした。何を知りたいか考えて、その情報を持っている人に直接話を聞く面白さを知りました。身近な先生でも、先生としてのA面の顔と、そこから離れたB面の顔の両方を知ると、先生対学生という関係から個人対個人の会話になり、素の人間性が垣間見えることに面白さを感じました。自分が知り得たことを他の人と共有してその面白さを広げることができるんだ、そんな役割もメディアにはあるんだと、新しい扉を開けたような感覚がありました。

通称しゃかしゃかと呼ばれた社会学部社会学科で記憶に残っているクラスは、メディアの国際比較やビジネス誌の最前線の方の講義でした。「何か聞きたいことがある人は何でも聞きに来てください」というオープンな先生だったので、クラスの前にランチを買っておいて、終了後の昼休み時間にあれこれと聞きに行ったことをよく覚えています。今でこそマーケット番組を担当しているので株価やドル円レートは常に扱う日常のトピックです。でも当時は、『プラザ合意』というものがあったのか、戦後、円は1ドル360円から120円になったのか、へぇ～」という知識レベルからのスタートでした。

今改めて思うことは、小学校以降で自分が面白いなと思って取り組んだことは、ひとつひとつが種まきのようなものだということです。小さい頃に花開かず辞めてしまったとしても、種は蒔いたわけです。育ち方はまちまちでもどこかで思わぬ急成長や繋がりに結びつくことがあるのです。もうひとつ、どんな場所でもそこにあるリソースを最大限生かすべし、使い尽くすべし、と思います。先生や卒業生の人脈を頼ってさらに外の人の胸に飛び込むことはすぐにでもチャレンジしたいところです。もちろんそのために入念な準備と飛び込ませてもいいかなと思わせる説得力が必要ですが、そのひとつひとつのステップは必ず生きてきます。アメリカでスタートアップ投資のベンチャーキャピタルを成功させた創業者がこう言っていました。「調べたいことがこれほど自由に調べられて言語の壁も超えられる、これまでの人類の歴史で今ほどあらゆることにリーチできる幸運な時代はない」。この幸運を利用しない手はないですよね。

2. 英国留学編（1996年〜1997年）

大学3年生の時に、イギリスのエセックス大学に交換留学で行くことができました。メディア比較を学ぶなかで、欧米メディアの旗色鮮明な伝え方に衝撃を受けました。それを間近で見てみたいと思ったのです。1年生のときに入った準体育会系のスキーサークルに熱中していたので3年生で留学することになりました。交換留学だったので英国で取得した単位を振り替えることもできましたが、帰国して即就職活動になってしまうのも無理があると考え、卒業を1年延ばすことにしました。留学先の学費と渡航費は給付型の奨学金でカバーできたことも大きかったです。ちょうど留学中の97年に総選挙が行われて、労働党が政権交代を果たし「地滑り的圧勝（Landsliding Victory）」という見出しが新聞1面トップを飾ったことをよく覚えています。

「留学したほうがいいですか？」と聞かれたら迷わず行ったほうがいいと伝えています。今の混沌とした世界情勢を思うと、外に行くことに抵抗感を感じるかもしれません。でもだからこそ行ってほしいと強く思います。私の留学は最初から1年限定でしたから、心を鬼にして、日本人コミュニティーと距離を置き、多くの海外生と過ごすようにしていました。イギリス、フランス、ドイツ、ギリシャ、スウェーデン、フィンランド、キプロス、南アフリカ、インドネシア、そして中国。これだけの国の人の国民性を少ないサンプルながらも具体的にイメージできるようになったことは代えがたい糧になっています。相手を知ること、対話すること、先入観で決めつけないこと。今後急激に人口が減っていく日本では、《閉じられた国民性》ではなく《開かれた国民性》であることが不可欠だと感じます。

3．テレビ東京キャスター編（1999年7月〜）

2017年は私の会社人生を振り返っても大きな転機になった年でした。入社直後から念願の報道番組に関わらせてもらいましたが、初めてゼロイチ、0から企画書を書いて1に持っていくことができた、つまり番組として実現したからです。テレビ局にいたら、当然のことのように思われるかもしれません。でも、アナウンサーの仕事は、「企画者の意図を最大限受け止め伝えること」なので、企画をすること自体、基本的に期待されていないこと

米国で取材したコンペの会場に登場したE・マスク氏
（2017年8月27日、写真：筆者提供）

でした。もちろん担当番組があれば自分で考えたミニ企画を比較的実現しやすいのですが、当時は、アナウンス部と報道局の東京証券取引所内の記者クラブ（通称：兜クラブ）を兼務していたので、「これが主な担当番組」と言えるものはありませんでした。出産や育児のために会社から離れたり戻ったりを繰り返して間もないタイミングでもあったためです。

その状況から、なぜ特別番組を実現するに至ったのか。それは多くの人が賛同して力を結集してくれたからに他ならないのですが、その大前提として、どうしても伝えたいという企画者として突き動かされる《衝動》があったことに尽きると思います。その衝動スイッチを押したのはイーロン・マスク氏でした。

今のマスク氏は世界最高権力者であるトランプ大統領の側近としてありとあらゆることに強引に

多国籍メンバーで挑んだ慶應大チームの皆さん
（2017年8月27日、写真：筆者提供）

声を挙げ、強引すぎて何を目指しているのかわからない、エゴのためだろうと批判的に言われることも承知の上で突き進んでいるようにも見えます。

でも２０１７年当時は、進む温暖化を遅らせるために電気自動車が社会に必須であること、社会を動かす通信の仕組みや宇宙開発を根本から変えるためにロケット打ち上げコストを１００分の１にするという究極の目標を掲げた頃でした。

兜クラブで偶然受け取ったＡ４サイズ１枚のリリースには、そのマスク氏が学生向けのコンペを主催し、《未来の超高速移動技術》が競われると書いてありました。しかも慶應大学の大学院生チームが、上位12―13チームの１つとして日本から唯一挑戦する、というものでした。

社会に変革を起こそうとしている人がどんな思いでイベントを主催し、自分の情熱と参加者の情熱を交差させようとしているのか。参加する学生がどんな思いで挑み、そこに企業、大学、研究機関や行政が関わっていくのか。その様子を撮影し放送することができれば点火する側される側両方の熱意をより多くの人に届けることができるのではないか、それが世界で最も注目を集めるイノベーターなのですから実現すれば大きな意義があるのではないか、そう感じたのでした。

特別番組は「衝撃!未来テクノロジー2030」というタイトルの下、実を結びました。そしてその番組が優れた科学技術を伝えた番組を表彰する科学放送高柳賞の優秀賞を受賞することになろうとは、思いもよらない光栄なことでした。

この番組を通じて、改めて確認できたことがありました。自分自身のミッション《社会課題が解決するときに動く経済を伝える》ことの重要性と、そのプレーヤーこそがこれからの時代を変えていく中心的な存在になるのではないか、ということでした。あれから7年が経ちましたが、そうしたプレーヤーに焦点をあてる《NEXTユニコーン》という番組の企画メンバーとして今また新たな衝動に突き動かされているところです。この衝動に共感して、サッカー選手としてだけでなく150億円ファンドを立ち上げ投資家としても社会変革を目指す本田圭佑さんが、特別番組に出演してくれました。ぜひ高校生や大学生の皆さんにも見て頂いて、衝動に駆られてほしいと思っています。

4. プロの仕事術

最も印象に残っているインタビューはアメリカ3大投資ファンドの1つ、カーライル・グループの創業者デイヴィッド・ルーベンシュタインさんへのインタビューでした。23年6月ごろでしたから、ウクライナへのロシアの侵略が始まって1年以上が経ち、世界中でサプライチェーンの見直しが進んでいました。

筆者のデイヴィッド・M・ルーベンシュタインさんと
(2023年5月18日、写真:筆者提供)

アメリカの金融業界を強くしてきた顔というだけでも緊張するインタビューでしたが、もうひとつプレッシャーを感じていたのは、ルーベンシュタインさんはテレビで長年《ルーベンシュタインSHOW》というインタビュー番組を続けてきた人だったからです。インタビュー上手な人にインタビューするということは、こちらのインタビュアーとしての力量も問われるように感じるわけです。通常のインタビュー、例えば相手が企業のトップであれば、会社として取り組んでいる事業の最新情報をインプットしたり、決算説明会の動画や過去の出演動画を視聴することが、事前準備の中心です。ですが、この時はルーベンシュタインSHOWを予習することに長い時間をかけました。

ルーベンシュタインさんの話し方の特徴は、なんといってもそのスピードの速さでした。単刀直入にズバッと聞く、通常ならためらうような質問も矢継ぎ早に聞く。質問された側は、面食らうような瞬間もありながら、その答えづらい様子も含めて楽しむインタビューショーでした。Amazonの創業者ジェフ・ベゾスさんがゲストの時は「あなたは世界で2番目の富豪だけれど、1番目になれなくて悔しい?」と質問して、会場の視聴者を沸かせたりしていました。日本からは孫正義さんが出演しているのを見つけたのもこの時でした。孫さんは、いかに自分が大物の胸に直接飛び込んできたのかということを武勇伝として語っていました。2回目の大統領就任前にトランプ氏にアメリカへの投資計画を直接持ち込んだ姿を見て、孫さんが長年、いかにアメリカでも人脈を築き続けてきたのか改めて実感しました。

話は外れましたが、1本30分のインタビュー番組を何本か見るうちに気づいたことがありました。ルーベンシュタインさんはインタビューするときに、手元にメモを一切持って

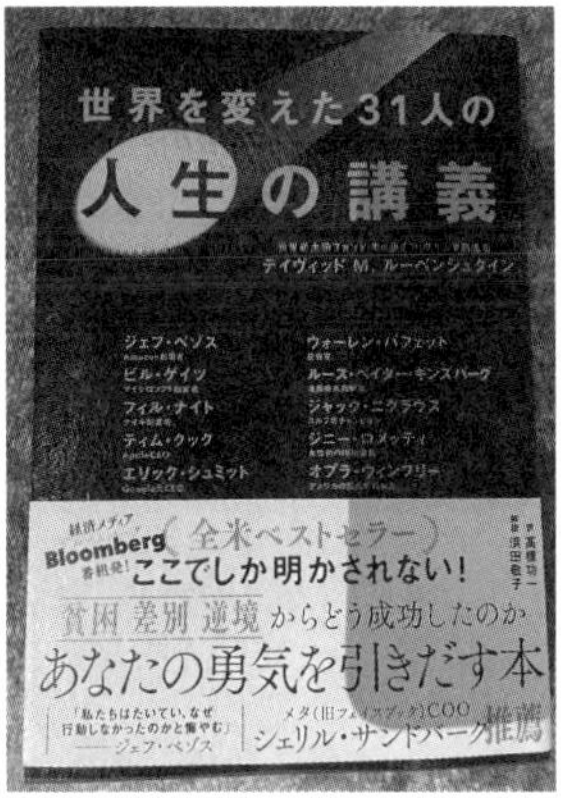

ルーベンシュタインさんの著書にサインをお願いしたら“Thanks for a great interview”と

いなかったのです。そうそうたるゲストを前にメモを一切持たない姿は驚きでした。いくら聞く内容が頭に入っていても、インタビューの途中で頭の中が真っ白になる瞬間を経験したことがあった私にとっては、メモなしで臨むことは考えられないことでした。でも、これはルーベンシュタインさんのこだわりに違いない。では、その人にインタビューするなら、私もメモなしで臨むべきだろうか、悩みました。

結局結論が出なかったので、思い切ってインタビューで直接聞いてみることにしました。冒頭からいきなり本題を始めるよりも場を温める、ほぐすことにつながるかもしれない、そう思ったからです。「はじめまして」と入ってきたルーベンシュタインさんは、ビジネスライクに握手はしても、ニコリともせず、緊張感が漂うスタートでした。「あなたの番組をたくさん見せてもらったけれど、手元にメモがないので驚きました」と切り出すとニヤリとして「見たの?」と。「あれはね、松葉杖みたいなもので、あると頼ってしまうんだ。相手が答えているときに目を見て話を聞きたいからね」。これはやはりメモなしで行こう、覚悟を決めた瞬間でした。

実は1度覚悟を決めてしまうと、その後の様々な企業のトップインタビューでも事前に頭に入れてしまえば、メモなしで臨むことが通常モードでできるようになりました。何事も、自分がたとえある程度プロフェッショナルとして行っていることでも、常にアップデートしてより良い方法を探り続けることが大事だと、今でもルーベンシュタインさんに感謝しています。

5. 私のこれから

モーニングサテライトでの仕事を通じて、日本企業の価値がさらに評価されることを願ってきました。上場企業でなくてもその価値がより多くの人に届くよう発信してきました。そしてもうひとつ続けているのが、行政や企業活動で埋めることが難しい、《社会の溝》を埋めようとしているNPOなどのサポートです。キッズドアという学習支援をするNPOのアドバイザーとしての役割は7年ほど経つでしょうか。

この団体は、《教育を受ける機会は平等であるべきだ》と、困窮家庭の子供に無償で勉強を教えています。教えるための居場所も提供しています。学校の夏休みには給食がないことで体重が減ってしまう子供がいることを受け、居場所で食事の提供や家庭への食材支援も行っています。

先ほど私自身のミッションは、《社会課題が解決するときに動く経済を伝える》だと触れましたが、その思いを強く持つようになったのはキッズドアとの関わりからでした。7人に1人の子供が困窮していることを知ったときには衝撃を受けました。経済ニュースで物価高を伝えるたび、それがどれだけその子供たちにも影響を与えているか頭をよぎるようになりました。この話を大学生にすると、「知らなかった、サポートしたい、仕事をするようになったら寄付したい」、という声が返ってきます。そんな心ある反応にほんわかする一方で、2025年になった今、「時間がない」という焦りを覚えます。

団塊の世代が全員75歳以上となり、あと5年も経たずして生産年齢人口は一気に減少に向かいます。しかも「坂道を転がるように」ではなく「崖から落ちるように」です。今すでに、あらゆる業種が人手不足に悩まされていますが一体どこまで深刻になるのでしょうか。

企業の中には、こうした現実を見据えアクションを起こし始めた会社もあります。学生時代の奨学金を抱えた人材が入社してきたら、その人を繋ぎ留めるために返済を肩代わりする企業が出てきました。キッズドアには経理の専門知識があるメガバンクの社員が週に

1回無償で派遣されています。直接会社の売り上げにつながらなくても中期的な投資と捉えているのです。

企業は業績を数字で表しますが、こうした中期的な投資がもたらすプラスの影響も数値化され、日本企業の評価につながっていくよう発信していきたいと考えています。

少し話は逸れますが2024年は新NISAが投資家を大きく増やしました。その多くは、アメリカ株やアメリカの株式指標に連動する金融商品に向かいました。もちろんアクションを起こしたことは大きなプラスです。が、その結果、多くの人が円を売ってドルに替え、円安が進みました。もちろん他にもたくさんの円安理由がありますが、弱い円(円安)は輸入物価高に結びつき、それが身の回りの物価高となって押し寄せています。給料が増える以上に早いスピードで物価が上がっていく、この30年経験したことのないことが起きています。日本企業よりもアメリカ企業の成長を期待する人が多く現れた結果、日本のモノの値段が上がるという財布にイタい皮肉な状況に日本中で見舞われているわけです。

未来志向の投資を実行している日本企業がもっと株式市場で評価されれば、その皮肉な流れに変化が見えるかもしれない。時間がかかるように見えるかもしれませんが、インパクト評価という近道と言える手法も広がってきています。

これは例えば企業が従業員の働く環境をよりよくすること、目先の収益より長期的な収益を目指すアクション、男女の賃金格差をなくそうとすることなどによって、その年の業績からは見えない中長期的なプラスインパクトを数値化して株式市場などでの上乗せ評価に結びつけようとすることです。実はこの点はキャリアデザイン講座で受講生からかなりの反響がありました。

学生の皆さんと、そんな見方を今後も共有して一人ひとりがチェンジメーカーとなっていけたら…そんな思いを新たにしています。

［担当番組］

Newsモーニングサテライト（テレビ東京系列 月～金5：45～7：05AM）

モーサテサタデー（テレビ東京経済ニュースアプリ テレ東BIZ）

参考資料

・『世界を変えた31人の人生の講義』（デイビッド・M・ルーベンシュタイン著　文響社）

特別講義15

人生を拓く

ジャーナリスト・立教大学 客員教授　池上彰

講義のポイント

・人生の夢を描いてみよう。夢は自分のやりたいことを大切に。
・経済や社会は常に変化していく。時代の変化に関心を持とう。
・キャンパスの外での活動にも参加して、社会を眺めてみよう。
・仲間と力を合わせ、チームワークで課題を乗り越えていこう。

1. どんな未来を描いていますか？

●人生の夢は変わっていく

これから大学生活を始める新入生、大学進学を目指し始めた高校生はどんな夢を描いているでしょうか。「商社でグローバルに活躍したい」「教師になって子どもたちに教えたい」

池上彰教授は若者に学ぶことの意味を語り続けている

「生まれ育った地元の自治体で公務員になりたい」。将来への夢はより現実的な姿として浮かぶようになっているのではないでしょうか。

私は小学生のころ、地方で働く新聞記者のドキュメントを読んだことがきっかけになり、新聞記者になりたいという夢を抱くようになりました。気象庁の予報官になりたいと考えていたこともあります。大学生になってから、戦後史として語り継がれる「あさま山荘事件」のテレビニュースを見て、「これからはテレビ報道の時代が来るのだろう」という予感からＮＨＫ記者の道を選んだのです。

ＮＨＫを退職した後、ジャーナリストとして取材・執筆活動を続けています。テレビキャスターの仕事も経験しました。そして、最近は全国の複数の大学の教授として現代史や経済学などをテーマに講義をしています。新聞記者にはなりませんでしたが、世代を超えて人々に伝え続ける役割を果たしてきたのです。夢は変わっていくものです。

●夢とはあなたの人生そのもの

人生の先輩として若いみなさんに伝えたいことは、夢とはあなたの人生そのものではないかということです。「人生を拓く」というのは、あなた自身の夢を実現するための長い旅のようなものと言い換えてもよいかもしれません。

人生を考えるようになり、将来に不安になったり、知らない世界を恐れたりすることがあるでしょう。それはあなたが決して弱い人だからではありません。人生と真正面に向き合っている証しです。迷ったら友人や先輩、恩師に相談してみるのもよいでしょう。生きるためのマニュアル本はありません。そのために新しい知識を学び、人との交流を深めながら世界を広げていく場として大学という存在があるのです。

2. 経済や社会の変化を知ろう

●AIと共存する時代が来る

大学で講義をしたり、各地で大学生や高校生に講演したりしているとよく尋ねられる質問があります。それは「人工知能（AI）が進化すると人間の仕事が奪われると言われます。どのような仕事が無くなるのでしょうか」という疑問です。

「その疑問への答えはAIに求めた方がいいかもしれません」と答えたくなりますが、あなたに気づいてほしいことがあります。それはAIが普及して無くなる仕事がある一方で、新たな仕事が生まれてくるということです。たとえばAIそのものを設計する技術者、AIで大量のデータを分析する専門家が思い浮かびます。さらにAIを活用して従来の仕事の時間を短縮すれば、新しい提案や戦略を練る時間を増やせるのです。

あなたは世界史の授業で産業革命を学んだでしょう。蒸気機関が発明されると、人間に代わる新たな動力源が普及しました。工場で必要とされる労働力が減り、多くの人々が仕事を失いました。一方、工場の生産力が高まると新たな取引や貿易の機会が生まれ、経済が成長するきっかけも生んだのです。いまやAIが経済や社会にもたらすその衝撃は産業革命にも匹敵するとも言われるようになりました。

●プラスとマイナスの両面を考えよう

社会のできごとを見るときには、プラスとマイナスの両面からその意味を考えましょう。たとえば、日本は人口減少に直面しています。長期的には人口が1億人を下回るという分析もあります。将来を見据え、労働力不足を新しい技術で補っていかねばなりません。ＡＩにはその役割を担う先端技術として期待が集まっているのです。

資源の乏しい日本が成長するための切り札の一つは技術革新です。技術革新が既存の産業にも成長のチャンスになる事例があります。１９７０年代の石油危機のとき、日本の自動車メーカーは世界に先駆けて燃費性能のよい新エンジンを開発して、市場を獲得していきました。自動車産業はＡＩや情報技術（ＩＴ）、環境対策技術などと融合して進化し続けています。そんな新しい時代の可能性を切り拓くのはあなたのような若者なのです。

●未来を選択するのはあなた

あなたは、いまは4年間の大学生活、卒業後の進路を考えるだけで精一杯でしょう。いまは明解な答えがなくてもよいのです。学び方や生き方を選ぶことは、ＡＩではなくあなた自身に託されているのです。それは大学の先輩たちが歩んできた道なのです。

大学では友人や先輩、先生とたくさん話をしてみてください。人に自分の思いを語って聞いてもらうには自分の考えをまとめなければなりません。ほかの人の考えや価値観に触れて、共感したり、自分との違いに気づいたりすることも大事です。人生は人それぞれなのです。

3．大学での学びが世界を広げる

●自ら答えを探していこう

学生たちから質問されるのが「大学でどんなことを学んでおけばよいでしょうか」という悩みです。この質問には「経験したことのすべてがあなたの力になります」と助言します。高校までは社会に出るための基礎学力を身につけることに重点が置かれていました。学習指導要領に基づいて先生が教えることは文部科学省が決めていました。大学では学生が関心のある科目を選択し、自ら学びの機会を広げていくことが可能になります。

私が客員教授を務める立教大学で「働くこととは何か」をテーマに、経済学部の首藤若菜教授、学生たちと対話する機会がありました。学生たちの疑問や考え方は、これから始まる学生生活のヒントになると思いますので一部を紹介しましょう。

立教大学の首藤若菜教授と「働くこと」について対談した

まず、学生から「自分のやりたいことをどのように考えたらよいのでしょう」と問われました。私自身は高校の政治経済の授業で面白さを感じ、大学で経済学を究めたいと思いました。まさに日本が高度経済成長期でした。しかし、その豊かさから取り残されている人々がいることにも疑問を抱いていたのです。経済学は限られた資源を配分し、経済や社会の課題を解決する学問なのです。

●働くことの意味を考えよう

いま振り返れば、高校生、大学生だったころの自分自身に具体的な将来の見通しがあったわけではありません。それでも自分がやりたいことを自分で見つけ出し、一歩ずつでも構わないので自ら動いてみないと、やってみたいことは見つけられないものだと考えています。

さらに別の学生から「働くことの意味ややりがい

をどう考えるか」と尋ねられました。働いているかと自分が世の中の役に立っているかどうかと考えることがあります。働くこととは、社会に自分の居場所をつくることだと思います。あるいは社会から自分が必要とされ、その期待に応える自己実現の場ともいえるかもしれません。

やりがいを感じ、給料も高い仕事があればいいけれど、その両方を満たすのは現実には難しいでしょう。働くということは、理想の生き方や働き方を考えながら、現実社会を見極めながら、一つひとつ答えを導いていくような作業なのだと思います。

4．キャンパスの外にも目を向けよう

●失敗を恐れないでほしい

一人で考えても答えが出ないときには、ぜひ大学の仲間を頼ってみてください。たとえば大学にはたくさんのサークル活動、ボランティア活動があります。同じ目標に向かって仲間と気持ちを合わせ、様々な課題を乗り越えながらゴールを目指すことができるはずです。卒業後、人生をともに歩んでいく友人に巡り合えるかもしれません。

以前、立教大学で「失敗する力」と題して、ボランティア活動に参加した学生たちと体験

からつかんだことを語り合いました。そこで私が披露した「失敗を恐れない」ための3つのアドバイスを紹介します。

アドバイス❶　失敗から発明が生まれる

米スリーエム社の「ポストイット」を使ったことはありませんか。実は、これは失敗作から生まれたヒット商品といわれています。強力な接着剤を開発しているときに期待したほどの接着力が出せなかったそうですが、別の利用方法をひらめいた別の部署の人がいたというのです。「この接着剤なら一度貼り付けたものをはがせるかもしれない」。こうした発想の転換が大ヒットを生むきっかけになったのです。

アドバイス❷　失敗こそネタになる

私は就職活動の際、ＮＨＫだけでなくラジオ局の入社試験も受けて見事に落ちました。最終試験の面接で社長が言っていることが納得できず、自分の意見をぶつけて喧嘩《けんか》したのです。いま考えれば若気の至《いた》りです。ＮＨＫを退職後、そのラジオ局から出演依頼が来ました。生放送で「私は貴社の入社試験に落ちました」と話したらスタッフは大喜び。人間は他の人の失敗話を聞く方がおもしろいのです。若い諸君には、いずれ失敗が笑い話として思い出せる日が来ると思っていてほしいです。

「失敗から学ぼう」と呼びかけた

アドバイス❸　自意識過剰は禁物

学生の質問には「失敗することが心配」という言葉が数多くありました。でも、自分が気にするほど、他の人はあなたの失敗を気にしてはいません。失敗に気づいたところで、「あ、そうなんだ」という具合で終わるもの。少し自意識過剰なのです。「人前で失敗したらどうしよう」という心配もわかりますが、そもそも最初から失敗しない人なんていないわけです。まずは一生懸命取り組んでみること。そして「失敗してこそ次がある」というくらいに考えてほしいです。失敗を恐れる必要はないのです。

●人々の生き方を知る

学生生活では「やりたいことが見つかりません」と不安になる場合があるかもしれません。恐らく就職活動で「大学で力を入れたことは何ですか」と問われることを想定し、「何か取り組まないと」と焦るのかもしれません。いわゆる「ガクチカ」ですね。大学はあなた自身の人生のためにあるのです。特に1年生の間は就活を忘れて羽を伸ばしてください。そんな自由な行動や学びが、意外にも「ガクチカ」になったりするものです。

例えば地域の振興イベントへの協力、農作業の体験、子どもたちの学びを支える地域交流などもあります。活動エリアは全国に広がっています。

5. チームワークが壁を越える力に

●「諦めない心」を鍛えてほしい

先輩や友人と力を合わせて活動するなかでチームワークの大切さを学ぶことができるでしょう。

2020年春、新型コロナウイルスによるパンデミック（世界的大流行）によって、対面授業はオンライン授業に切り替わり、教室やカフェで友だちと語り合えた普通のキャンパスライフが奪われました。世界の若者たちが同時につらい体験をしたのです。

そんな危機の時代に、取材を通じて確信できたことがあります。危機を乗り越えた学生

チームワークとアイデアで新型コロナ禍を乗り越えた

大学	学生たちの取り組み
立教大学	先輩が後輩たちとリーダシップや対話力を磨く授業に参加し、サポート
東京工業大学（現・東京科学大学）	新入生たちが入学直後、学びや研究への志を語り合う東工大立志プロジェクト参加
関西学院大学	学部横断でSDGs（持続可能な開発目標）を実践、問題意識を深めた
津田塾大学	東京五輪・パラリンピックに備えて、文理融合の学びを生かしながら文化発信や地域振興
芝浦工業大学	東京都墨田区に住む人々の防災意識を高め、命を守るための活動を運営
昭和女子大学	オンライン対話で米国の人々との交流を深め、日本の食文化などを発信
聖路加国際大学	看護実習を補うため、先輩が後輩に協力し、命を守る学びをアドバイス
立命館大学	先輩が自らの体験に基づいてオンラインを使った就職活動の工夫を助言

（出所）日本経済新聞社とBSテレ東による連携企画「チーム池上が行く！」で2021年度に取り上げた主な大学

たちには「仲間の存在」と「諦めない心」があったことです。大学進学は卒業に必要な単位を取り、就職することだけがゴールなのではありません。４年間をどう使い、新たな学びを得ていくか自ら考える時間でもあります。自ら問いを立てることが大切なのでしょう。

●リーダーは仲間の声に耳を傾けた

いくつか大学の事例を紹介しましょう。

立教大学では先輩がオンラインを駆使して、リーダーシップを磨く授業を運営し、後輩たちの学びをサポートしました。津田塾大学の学生は東京五輪・パラリンピックの延期や事実上の無観客開催によって、地域振興活動「梅五輪プロジェクト」を修正せざるを得なくなりました。同プロジェクトは後輩に受け継がれて見事に実現しました。昭和女子大学はコロナ禍で留学計画が中止になりましたが、学生はオンラインをフル活用して海外交流を深めました。立命館大学では就活を体験した先輩たちが、後輩にオンラインを使ったコミュニケーションの大切さやコツを指導していたのです。

学生たちは活動に必要な情報をきめ細かく共有し、意見交換を重ねていました。リーダーは仲間の声に耳を傾けて、活動のゴールを意識させながら力を合わせる方法を考え抜いたのです。若者たちのたくましさは素晴らしいと感じました。

6. 迷ったら立ち止まる勇気も忘れずに

●チャレンジ精神は若さの特権

毎春、専攻分野の学びや留学、サークル活動に夢を膨らませている新入生がいる一方で、新たな一歩を踏み出せずにいる新入生がいます。たとえば受験に燃え尽きてしまい、なかなかやる気が出ずに悩んでいる新入生。第1志望の大学を忘れられずに再受験するかどうか迷っている新入生。みなさんの心情はよくわかります。

多くの先輩たちが期待と不安を胸にキャンパスライフをスタートさせてきたのです。あなたの人生ですから、じっくりと考え、信じた道へ一歩を踏み出してください。迷ったら一度、立ち止まってみましょう。何事にもチャレンジできる心が若さの特権なのです。

●文理の壁を越えて学んでいこう

毎年、新入生から「大学で何をどれだけ学んでおけば、社会に出て役に立ちますか」と尋ねられることがあります。残念ながら「これだけ学べば十分」といえるものはありません。大学で講義に出席したり、論文を執筆したりすることは、試験対策のように暗記をして臨むわけにはいかないのです。対話を通じて、あなたの好奇心が刺激されるでしょう。

学び続けていく上で大事なポイントがあります。それは文科系、理科系の壁を越えて学びを広げる「文理融合」の姿勢です。専攻科目に偏ることなく、経済、法律、AIといった分野の基本的な知識や関連ニュースを知り、学びへのヒントにしていくことを勧めます。現代世界が抱える課題を理解し、未来への解を考えていかねばなりません。予期せぬ変化を乗り越えていくには文理の壁を破る知識と視点が欠かせなくなっているのです。

代表的な現代の課題がＡＩとの共存でしょう。利便性が先行して注目されていますが、経済、社会、教育など私たちの暮らしに広く影響を及ぼしていく可能性があります。世界の人々が利用するルール、企業がビジネスに活用するルール、著作権などの権利を保護するルールなど様々な角度から考えていかねばならない課題があるのです。これらは技術者だけが考えればよいテーマではありません。

●学びが人生を豊かにする

「リスキリング」という言葉を聞いたことがありますか。この言葉は学び直すことを意味しています。とりわけ、社会に出て働く人々が「再びスキルを身につける」という狙いがあります。新しいビジネスの手法や技術革新に対応するために、世界や日本の有力企業がこうした社員研修に力を入れています。学び続ける力があなたの好奇心を刺激し、チャレンジする心を育んでくれるでしょう。その積み重ねが人生を豊かにしてくれるはずです。

学び直しのために大学に入ってくる社会人もいます。彼らの姿勢は、あなたにとって大いなる刺激になるでしょう。

大学の入学式はあなたの長い人生のスタートラインなのです。大学生活はあなたの人生を切り拓いていく助走期間ともいえるでしょう。学部を卒業するまでの4年間はかけがえのない時間です。それが人生の先輩から若者たちに贈る偽らざる気持ちです。

キャンパスには四季折々の風景があります。春には桜が満開になり、学生たちや近隣に住む人々が記念撮影をします。春学期の定期試験が始まるころには木陰が厳しい日差しから学生を守ってくれるのです。長い夏休みを終えると、久しぶりに会う友人との会話にうれしさを感じるかもしれません。晩秋には美しく黄色に輝く銀杏並木の下で、大事な人や仲間と夢を語り合うことでしょう。あなたがそんな風景を懐かしく思える日はあっという間にやってきます。

さあ、キャンパスへようこそ！

参考資料

・日本経済新聞・日経電子版コラム「池上彰の大岡山通信　若者たちへ」
・日本経済新聞・日経電子版コラム「チーム池上が行く！」
・『私たちはなぜ、学び続けるのか』（池上彰著、日本経済新聞出版）

おわりに

２０２１年４月、立教大学池袋キャンパスで講義「キャリアデザイン」を始めてから気づいたことがあります。それは、教室に集う新入生の多くが、大学で学ぶことの意味や将来の仕事について真剣に考えている姿勢でした。大学生になる夢をかなえたばかりだというのに、新入生は自らの人生に言い知れぬ重圧を感じているのでしょう。若々しい笑顔からはうかがうことのできない心情を知り、複雑な気持ちになりました。

「大学でどのように学び、活動すれば、人生や仕事に生かしていけるのだろう」。学生たちの疑問や不安はこの点に集中していることもわかってきました。そうした疑問を受け止める手掛かりにしたのが、学生が講義後に任意で提出するリアクションペーパーでした。これは学生が講義への意見、感想、疑問などを手書きし、講師に提出するものです。学生の学びや理解を確認する手法の一つとして多くの大学で採用されています。

学生の記述は初めのうちは講義への感想がほとんどですが、全14コマある講義の後半になるころには本音がつづられるようになってきます。たとえば、自分らしい仕事を選ぶ悩み、人間関係の悩み、大学生活に意欲がわかない悩みなどです。そこで次の講義では学生の疑問や悩みを取り上げる時間を設けて、講師自身が「私はこう考えるけれど、学生のみなさんはどうでしょう」という対話の時間をできるだけ重ねるように心掛けたのです。

このテキストの編集に際しても、多くの学生から疑問や関心が寄せられた「大学生活」「仕事」「人生」をキーワードに選び、教室で語りかけるスタイルを生かしました。高校で始まった金融教育も意識して、学生生活と社会人生活の2段階に分けて、「お金とのつき合い方」を考えるページを盛り込みました。テキストに配置した15の講義は大学での専攻分野に関係なく、みなさんに一度は考えてほしいテーマであると意義づけています。

わからないときはまず自分で調べてみる。ときには教員や仲間と議論しながら、学んできたことや経験してきたことを確かめてみる。その積み重ねが、考える力を鍛える方法の一つだと考えています。答えを出すために時間がかかっても、ときには立ち止まることがあっても構わないでしょう。長い人生を歩んでいると正解のない課題もあります。それでも自らの課題と向き合いながら、前を向いて歩んでほしいと思います。

24年秋、講義「キャリアデザイン」の一期生が就職活動の報告に来てくれました。講義で考えたことをヒントに、専攻以外の分野にも視野を広げ、友人をつくったそうです。興味を持った企業の説明会には積極的に参加し、働くことへのイメージを描いたと語っていました。「自ら動かないと何も始まりません。学生生活には終わりがあることを意識してほしい」と後輩に寄せてくれました。4年という時間は人を鍛えてくれるのでしょう。

毎年4月になると、全国の大学は新入生を迎え、キャンパスは学生たちの笑顔と会話にあふれます。私たちが担当している立教大学の講義でも、教室は満席になり、活気が伝わってきます。こうした風景に身を置いていると、当たり前の学生生活を送ることができる時代のすばらしさ、喜びを感じます。このテキストが全国の学生、進学を意識し始めた高校生にとって何らかのヒントになれば幸いです。

最後になりましたが、立教大学の全学共通カリキュラム運営センター、キャリアセンター、ボランティアセンター、総長室広報課のみなさんには19年度にスタートした講義の構想段階から適切な助言を仰ぐことができました。また、この1年、本書のアイデアづくりにあたっても多大な支援をいただきました。この場を借りて改めて感謝を申し上げます。

本書の構成検討やデザインなどの作業は日経BP・日本経済新聞出版編集委員の白石賢さんとスタッフのみなさんにお世話になりました。ありがとうございました。

２０２５年３月

編・著者を代表して　倉品武文

人生と仕事と学びをつなぐ15の講義

18歳からのキャリアデザイン

2025年3月26日　1版1刷

編者　日本経済新聞社、立教大学

発行者　中川ヒロミ
発行　株式会社日経BP
日本経済新聞出版
発売　株式会社日経BPマーケティング
〒105-8308　東京都港区虎ノ門4-3-12

装幀　野網雄太（野網デザイン事務所）
DTP　株式会社オフィスアリーナ
印刷・製本　三松堂株式会社

ISBN978-4-296-12057-4　Printed in Japan
